领导力法则

张卉妍 著

中国华侨出版社
北京

图书在版编目（CIP）数据

领导力法则 / 张卉妍著 . -- 北京 : 中国华侨出版社 , 2019.10
ISBN 978-7-5113-8039-5

Ⅰ. ①领… Ⅱ. ①张… Ⅲ. ①领导学 Ⅳ. ① C933

中国版本图书馆 CIP 数据核字 (2019) 第 190741 号

领导力法则

著　　者：张卉妍
责任编辑：黄　威
封面设计：李艾红
文字编辑：胡宝林
美术编辑：刘欣梅
经　　销：新华书店
开　　本：880mm×1230mm　1/32　印张：8　字数：180 千字
印　　刷：北京德富泰印务有限公司
版　　次：2020 年 2 月第 1 版　2020 年 2 月第 1 次印刷
书　　号：ISBN 978-7-5113-8039-5
定　　价：36.00 元

中国华侨出版社　北京市朝阳区西坝河东里 77 号楼底商 5 号　邮编：100028
法律顾问：陈鹰律师事务所
发 行 部：（010）58815874　　　传　　真：（010）58815857
网　　址：www.oveaschin.com　　E－mail：oveaschin@sina.com

如果发现印装质量问题，影响阅读，请与印刷厂联系调换。

前言 PREFACE

对于管理者来说，用职权管人不是本事，以人格服人才是本事；颐指气使不是本事，"不令而从"才是本事；用惩罚使人害怕不是本事，凭魅力赢得追随才是本事；自己有本事不是本事，让有本事的人为己所用才是本事。管理是一门学问，更是一门艺术。你不能因为自己是"官"就对人吆三喝四，又不能与所有人称兄道弟失去威严……超级管理者身上的那种气质和影响力，绝非掌握一些机械的管理方法或技巧就能拥有的，而是长期自我修炼的结果。真正有魅力的管理者，站在那儿就是一种无声的号召。

给你一个团队，你能管好吗？作为团队的管理者，你要如何更好地领导下属和管理员工？如何建立优秀的团队？如何做到知人善任、人尽其才？如何实现与下属的无障碍沟通？如何用简单的管理取得大的收获？管理一个团队会遇到各种各样的问题和挑战，当你面对这些问题时，你是否会产生困惑或有力不从心之感？是否需要用新的管理知识和技能武装自己的头脑？是否想进一步提升自己的管理技能，以便更好地应对管理过程中出现的各种难题和挑战？作为一名中层领导和普通员工，如何通过自我修炼来提高当前的工作业绩？如何在工作和实践中提升自我？如果有一天你被任命为团队的管理者，你知道该做什么，不该做什么吗？如果将你从普通员工提升为中层管理者，你如何走好第一步？你具备管理者的基本素质和能力吗？……

为帮助各类组织的管理者掌握最切合实际的管理方法，从而在管理过程中少走弯路，管理起来更顺畅，游刃有余地开展工作，成为卓有成效的管理者，我们编写了这本《领导力法则》。本书针对团队管理者的工作任务，从领导风格、领导力打造、权力运用、用人之道、激励手段、决策方略、沟通艺术、解难艺术等方面系统介绍了管理者应具备的领导素质和应掌握的领导艺术，是有心取得成就的管理者必备的日常管理工具书。全书内容全面、实用，为管理者提供了一份全方位的、细致周详的工作手册，帮助管理者提高理论水准和管理素养，有效解决各类管理实务问题。

目录
CONTENTS

第一章　描绘愿景：为员工植入团队梦想

"梦"：团队愿景的力量 /2

让个人目标融入团队愿景 /5

为团队制定共同目标 /8

为员工指明前进的方向 /12

让梦想变得现实可行 /14

使员工相信梦想并为之努力 /18

让每个人都看到晋升的希望 /21

第二章　制定规则：敬畏纪律和制度

以铁的纪律打造铁的团队 /24

团队的"热炉法则" /27

不要与规章制度对抗 /30

培养员工的规矩意识 /33

不能破坏制度的"刚性" /36

钢铁纪律不容打破 /38

尊重并服从团队规章 /41

建立问责机制 /42

第三章 提升自我：让自己成为团队的"灵魂"

成为团队的"主心骨" /46

带领下属"跟我冲" /49

喊破嗓子，不如做出样子 /52

要做到以一当十 /56

让自己"不可替代" /58

第四章 树立威信：让员工心悦诚服地跟随

权威是每个领导必不可少的法宝 /62

适时地表明"我是领导" /64

不要无原则地过分亲密 /68

无私才能扬威 /70

以恰当的距离对待下属 /73

有威信和凝聚力才有竞争力 /76

第五章　懂得分享：分享利益才能创造更多利益

与成员分享成果 /82

有趣的"糖纸理论" /85

学会与员工分享 /88

同甘与共苦一样重要 /92

找到对方的利益需求点 /94

合理的利益分享措施 /98

分享让团队越来越"大" /100

第六章　执行第一：没有执行力的团队等于零

竞争力源于团队执行力 /106

把信交给加西亚 /108

不要继续等到明天 /112

养成"没有任何借口"的习惯 /115

运营的流程:正确地做事 /118

执行重在到位 /122

第七章　重用人才:做伯乐,就不要戴"有色眼镜"

英雄不问出处 /128

切不可以貌取人 /131

练就慧眼识人的本领 /134

在"赛马"中"相马" /137

寻找团队的"潜力马" /140

尊重每个优秀的人才 /143

第八章　激发斗志:让你的员工"激情燃烧"

让员工成为"鸡血战士" /148

投入100%的激情 /151
给员工"提气" /153
以百米赛跑的速度奔跑 /156
激发员工的工作热情 /159
告别"内卷化" /161
把激情投入工作中 /164

第九章　合理授权：事必躬亲不可取，甩手掌柜也不行

千万别一放了之 /168
随时准备承担授权责任 /170
适当保留知情权和控制权 /173
授权要讲究技巧 /176
科学合理的放权流程和制度 /178
不要越级授权 /181
建立合理的问责与监督机制 /182
适度授权才能激发团队活力 /184

第十章　人性管理：不要开口闭口讲"法"

有时候需要有点人情味 /188

在严格的制度中体现温情 /190

过分讲制度只会适得其反 /193

越管制，越叛逆 /196

不要拘泥于个别条款 /199

无情的制度，有情的管理 /201

"人性化"不能沦为"人情化" /203

第十一章　优胜劣汰：引导员工进行良性竞争

竞争是活力的源泉 /206

神奇的"鲶鱼效应" /208

为团队引入"鲶鱼" /211

寻找"弼马温"式的人物 /214

善用同侪效应 /216

避免"劣币驱逐良币" /218

杜绝"螃蟹效应" /221

引导下属进行良性竞争 /224

第十二章　挖掘潜力：促使员工不断成长

让员工成为人力资源 /228

帮助员工规划职业生涯 /230

让员工走出"心理舒适区" /233

成长比薪水更重要 /236

引导员工进行长线投资 /238

实践是最好的老师 /241

第一章

描绘愿景:
为员工植入团队梦想

"梦":团队愿景的力量

马丁·路德·金在林肯纪念堂前发表的著名演说《我有一个梦想》为千千万万呼吁种族平等的人们描绘了美好的愿景,引导和激励无数的人为这个梦想而奋斗;比尔·盖茨从在车库里敲打"basic 语言"起步,他坚信自己可以让每家每户都有一台个人电脑,他用了20年的时间带领微软成为互联网的霸主。

这就是愿景的力量。愿,就是心愿;景,就是景象。这个景象存在脑海里,是看不到的。愿景是在个人脑海中的意象,团队愿景就是团队所有成员共有的意象。对于一个团队来说,团队愿景是这个团队为之奋斗所希望达到的目标,愿景就像灯塔一样,始终为团队成员指明前进的方向,鼓舞和激励着所有人为共同的目标而奋斗。

管理者作为团队的领头人,必须学会用愿景引导团队。一个团队有了自己的愿景,就会对员工产生吸引力,就会让员工具有认同感。在追求团队愿景的过程中，员工相信他们所做的事是值得的，如果他们相信自己能够实现团队的"梦想"，进而实现自己的"梦想"，那么他们一定会认同团队，并且积极努力地行动。

稻盛和夫创办日本京都制陶公司之后，业务发展非常迅速。在迅猛发展的过程中，稻盛和夫经常要求年轻的员工每天加班到深夜，即使星期天也不休息。慢慢地，一种不满的情绪在员工中间蔓延。一次加班之后，一群员工决定用强硬的手段向公司提出要求，并以集体辞职相威胁，并且提出了诸如加薪、增加奖金的要求。稻盛和夫经历了创业以来最大的危机，虽然他没有同意他们的要求，但是此后却花费了三天三夜做说服工作，才使得这批人留了下来。

京都制陶公司发展过程中的这个插曲深深地刺激了稻盛和夫，他陷入了痛苦的思考："本来以为创立京都制陶是为了让我的技术闻名于世，现在看来，应该还有更为重要的事情要做。公司究竟是什么？公司的目的和信念是什么？要争取什么？"在思索的过程中，他的思路渐渐明晰："让技术闻名于世其实是低层次的价值观，是次要的事情……经营公司的目的是为全体员工谋求物质和精神方面的幸福，为人类社会的进步贡献力量。"

从此以后，"为全体员工谋幸福，为社会发展贡献力量"成为京都制陶公司的追求目标，也成为公司发展的愿景。企业发展得越来越好，员工的忠诚度也越来越高。

作为团队的领头人，管理者要告诉员工，他们是什么？他们为什么？他们干什么？愿景要让员工能够和企业一起分享对未来的憧憬，让员工对未来有更高的期待，让员工负有一种强大的使命感。

好的愿景起到的作用不仅如此，它宛如一幅巨大的画，也会给人以压力和挑战。对于员工来说，有没有共同愿景绝不是表面微小的差别。员工的奉献精神和奋斗动力，便与组织的共同愿景息息相关。如果没有共同愿景，奉献的行为不仅不会产生，连真正遵从的行为也不可能存在。

愿景能凝聚起团队中每个人的力量，使人产生整体感。当团队遭受混乱和阻力时，愿景能够引导团队继续遵循正确的路径前进。随着团队的发展，愿景会变得越来越重要，没有比一种清晰的愿景更吸引人的了。

愿景对于一个团队来说具有神奇的力量，因为它并不只是一个想法，还是人们心中一股令人深受感召的力量。愿景能感召一群人，让这群人为之奋斗，它也就不再是一种抽象的东西。

建立团队愿景不是一蹴而就的工程，它的建立和完善需要经历细致的工作和漫长的过程。但是，梦想必须建立在现实的基础上，没有现实支撑的愿景最终往往成为水中月、镜中花。

愿景作为一种未来的景象，来源于领导者思维的前瞻性。如果管理者希望其他人能加入团队的共同前进路径中，他必须知道要带领团队往何处去。有前瞻性并不意味着要先知先觉，而是要脚踏实地地确定一个企业的前进目标。愿景能激励企业一步步迈向未来。

每个优秀的管理者都应具备为团队"造梦"的能力，如果一个梦想足够强大，就能调动跟随者的能动性、进步性、创造性，进而去构建一座从此岸到彼岸的桥梁。

让个人目标融入团队愿景

团队愿景是一个团队努力奋斗希望达到的目标，它不仅是企业发展的方向，也是所有员工努力的目标，更是整个企业奋斗的动力。有时，我们在打造成功团队时，可能觉得为团队确定愿景比较容易，但要将团队愿景传达给团队成员并取得共识，可就不是那么容易的事情了。

在一个团队的发展征程中，团队的愿景就相当于帆船的帆，它直接影响着团队这艘船的航行速度和航行距离。但若只有船帆，就算掌握好了方向，而船身行驶得太慢，团队也无法驰骋在市场的海洋中。要让团队运转跟得上团队目标，就要将员工的个人目标融入团队愿景。

一个团队要做到可持续发展，不仅要树立正确的发展目标，更需要员工与团队同心同德，方向一致。比如，几匹马拉一辆车，如果它们朝着不同的方向前进，这辆车根本就不会前进，如果步调不一致，还会导致马倒车翻。只有所有的马朝着一个方向步调一致地奔跑，这辆车才能快速地前进。

管理者要设法将员工个人目标融入团队目标，使个人将注意力投向公司及部门的整体业绩，而不是自己的报酬和升迁。

团队成员各自会持不同的观点，但为了追求团队的共同愿景，各个成员就得求同存异并对大家的共同目标有深刻的一致性理解，要做到这一点，对于管理者来说并不是件轻松容易的事。管理者希望员工能够敬业和服从，把团队的未来当成自己的未来；对于员工来说，他们希望得到更多的回报，满足生活的需要，实现个人的价值。因此，管理者必须引导员工将个人的目标融入团队发展的愿景中。

西点军校培养学员将个人目标融入团队目标，这是西点军校学员训练的重要内容。

在西点军校巴克纳野战营，经常举行一个活动，让各组学院在几个小时之内完成组合桥梁的任务。

值得说明的是，这种活动用的组合桥，每块桥面和梁柱都有几百千克重，要抬起一块桥面似乎是不可能的事。

于是教官启发大家，在战场上搭建这类的组合桥的目的多半都是具体、迫切的，或是恢复重要物资的运输，或是逃避敌人的追击，或是进攻歼灭敌人，这个时候桥面能否搭起来就是一个生死攸关的事情。

这个时候，同一组的学员们便建立了一个共同的目标：一起搭好桥，不仅是为了集体荣誉感，也是出于战场上紧急情况的需要。

于是学生们把个人目标融入了团体目标,真的发挥出了最大的潜力搭好了桥。要是没有这样生死攸关的共同目标,要激发学生的潜力,合力搬起三四百千克的大桥墩,并不是件很容易的事情。

就团队而言,一个人的成功并不是真正的成功,团队整体的成功才是最大的成功。

在许多国际知名企业中,如美国通用电气公司、美国宝洁公司等,一批新员工入职后,需要接受相当长的一段时间的培训,并且在一段时间后还会不断地向他们强化公司的理念。其目的就是让员工随时清楚地知道自己目前所处的位置,并且随时检查个人目标是否与企业的目标一致。

"能够将个人目标融入公司目标"已成为企业在招聘员工时,衡量其素质的重要指标。如果一个人不能把自己的个人目标融入公司的目标,就很难受到管理者的青睐。

员工也应该把个人目标融入公司愿景,这样可以充分地利用团队的力量,提高自己的工作效率。那些只工作不合作,宁肯一头扎进自己的工作之中,也不愿与同事有密切交流的人,最后收获的只有低绩效的工资。很可能他们自己费了九牛二虎之力才达到工作上的突破,而如果通过团队的共同努力很容易就能实现。只顾着个人目标,忽视将个人目标融入团队目标,很多心血很可能会白白浪费。

吴华大学毕业后应聘到某公司上班。上班的第一天,他的上司就分配给他一项任务：为一家知名企业做一个广告策划案。

既然是上司亲自交代的，吴华不敢怠慢，就埋头认认真真地做了起来。他不言不语，一个人费劲地摸索了半个月，还是没有眉目。显然，这是一项让他难以独立完成的工作。但是，吴华没有去寻求合作，也没有请教同事和上司，只是一个人蛮干，甚至忽略了客户的时间要求。最后，他也没有拿出一个合格的方案来。

吴华没有将自己的目标融入团队发展中，结果导致了失败。其实，一旦团队成员的思想统一到组织的整体思想体系中，团队成员认同组织的目标，把个人目标和团队愿景牢牢地结合在一起，那么，工作中也就不会走弯路了。

当员工的目标与企业的目标保持高度一致时，管理者自然无须为他们不会努力工作而发愁。作为一个管理者，只有将团队与员工的共同目标结合起来，才能充分激发员工的积极性。

为团队制定共同目标

确立团队目标是管理者最重要的工作任务。企业的成功都是相似的，而企业的失败却各有各的原因。成功企业的一条重要经验就是，他们有明确的奋斗目标，并且能将这种目标转化为员工向上的动力。

心理学家认为，一个人在团队中工作，最怕的就是自己的力量被抑制，得不到发挥，原因有很多，对团队缺少归属感是其中最重要的。缺乏归属感的人，丧失了做事的目标，只会为工作而工作，丝毫体会不到在团队中大家为着共同目标奋斗的工作激情。

倘若团队有自己的共同目标，那么每个人都会以此找到自己该做的事，从而真正提高团队效率。如果团队成员追逐着与团队总目标不一致的个体小目标，就会造成可悲的后果。

有三只老鼠一同去偷油喝，到了油缸边一看，油缸里的油只有一点点，并且缸身太高，谁也喝不到。聪明的老鼠想出办法：一个咬着另一个的尾巴，相互吊着下去喝，第一只喝饱了，上来，再吊第二只下去喝……第一只老鼠最先吊下去喝，它在下面想："油只有这么一点点，今天总算我幸运，可以喝个饱。"

上面的老鼠看油越来越少，就不住地催促它赶快上来，但下面的老鼠却不理睬，照喝不误。上面的老鼠生气了，就放开了下面老鼠的尾巴。结果那只老鼠落在油缸里，因逃不出来而被饿死了。

下面的老鼠只想着自己的利益，却忽视了团队的目标，最终造成了这样的结果。作为管理者，不仅要确定团队的共同目标，还要在执行的过程中保证团队成员的目标不偏离总目标。

团队的共同目标是一个有意识地选择并能将其表达出来的方向，它运用团队成员的才能和能力促进团队的发展，使每个团队成员都有一种成就感。共同目标表明了团队存在的理由，能够为团队运行过程中的决策提供参照物，同时能成为判断团队进步的可行标准,而且为团队成员提供一个合作和共担责任的焦点。

倘若对大家的共同目标达成一致并获得承诺,就不需要命令、监督,用自己的执行力去行动,是团队取得成功的关键。

作为团队的管理者,必须重视为团队成员树立共同的目标,才能更有效地开展团队工作,以达到团队协同效应。要形成团队共享目标,管理者必须从以下几个方面着手:

1. 对团队进行摸底

对团队进行摸底就是向团队成员咨询对团队整体目标的意见,这非常重要。一方面,这样做可以让成员参与团体整体目标的达成过程中来,使他们觉得这是自己的目标,而不是别人的目标;另一方面,可以获取成员对愿景的认识,即团队目标能为组织做出别人不能做出的贡献,团队成员在未来应重点关注什么事情,团队成员能够从团队中得到什么,以及团队成员个人的特长是否在团队目标达成过程中得到有利发挥等。

2. 对获取的信息进行加工

在对团队成员进行摸底收集到相关信息以后,不要马上确定团队目标,应就成员提出的各种观点进行思考,留下一个空间——给团队和自己一个机会,慎重考虑这些提出的观点,以消除匆忙决定带来的不利影响。

3. 与团队成员讨论目标表述

管理者与团队成员讨论目标表述是将其作为一个起点，以成员的参与而形成最终的定稿，以获得团队成员对目标的承诺。虽然这一步很难，但确实不能省略，因此，团队领导应运用一定的方法和技巧与团队成员讨论目标。比如，启发引导法，确保成员将所有观点都讲出来；找出不同意见的共同之处；辨识出隐藏在争议背后的合理性建议；从而达成团队目标共享的双赢局面。

4. 确定团队目标

通过对团队的摸底和讨论，修改团队目标表述内容以反映团队的目标责任感。虽然让全体成员都同意目标表述的内容很难，但求同存异地形成一个让成员认可的、可接受的目标非常重要，只有这样才能获得成员对团队目标的真实承诺。

5. 对团队目标进行阶段性的分解

由于团队在运行过程中难免会遇到一些障碍，比如组织大环境对团队运行缺乏信任、成员对团队目标缺乏足够的信心等。管理者在决定团队目标后，尽可能地对团队目标进行阶段性的分解，树立一些过程中的里程碑式的目标，让团队每前进一步都能给组织以及成员带来惊喜，从而增强团队成员的成就感，为一步一步完成整体性团队目标奠定坚实的信心基础。

只有团队成员对团队愿景有了清楚、共同的认识，才能在心中形成成就感，才能增加在实施过程中的紧迫感。同时，达成共识的团队愿景，一定能赋予成员克服障碍、激发能量的动力。

为员工指明前进的方向

在打造成功团队的过程中，有人做过一个调查：问团队成员最需要团队领导做什么，约 70% 的人回答——希望团队领导指明目标或方向；而问团队领导最需要团队成员做什么，约 80% 的人回答——希望团队成员朝着目标前进。从这里可以看出目标在打造成功团队过程中的重要性，它是团队所有人都非常关心的事情。

值得关注的是，团队中并非每个人都有目标和方向，有很多人并不知道自己需要什么，不知道内心真正的追求。这让人不禁想起法布尔与毛虫的故事。

法国博物学家让·亨利·法布尔做过一项关于某种毛虫的习性的研究：这些毛虫在树上排成长长的队伍前进，由一条带头，其余的跟着它向前爬。法布尔把一组毛虫放在一个大花盆的边上，使它们首尾相接，排成一个圆形。这些毛虫开始动了，像一个长长的游行队伍，没有头，也没有尾。法布尔在毛虫队伍旁边摆了一些食物。但这些毛虫想吃到食物就必须解散队伍，不再一条接一条前进。

法布尔预料，毛虫最终会厌倦这种毫无用处的爬行，而转向食物，可是毛虫没有这样做。出于纯粹的本能，毛虫围着花盆边一直以同样的速度爬行了 7 天 7 夜，它们一直爬到饿死为止。

一个重视目标管理的管理者，应该清楚自己和自己的团队该往哪一个方向走,并能在工作中不断地带领员工实现既定目标,并朝更远的方向发展。管理者为员工指明前进的方向,也是一件很重要的事情。如果员工在工作中不能实现目标,对其自身、对管理者、对整个企业都会造成影响,甚至会让企业付出代价。

管理者要对员工负责,帮助每个员工实现个人的目标。团队的成员有没有自己的前进方向,关系到他们对工作投入的热情与兴趣。如果他们的个人目标不能逐步得以实现,就有可能对自己和企业的未来表示怀疑。

担任项目经理的第三个月,小陈突然发现自己这个经理相当失败:办公桌上散乱地堆放着文件,自己每天忙得焦头烂额,但进度表上显示的全是无法按预期完成的工作,整个团队陷入了深深的困境。

症结究竟在哪儿呢?小陈找到团队中的几个骨干,与他们共同讨论。结果令他大吃一惊,每个人似乎都有自己的想法,然而每个人的想法又似乎很不成熟,讨论会变成了一场争论会。小陈似乎发现了问题的所在,他说:"我觉得我们最大的问题,是想法不统一。我们必须找到团队的共同目标,再依照这个目标将每个人的目标细化。"大家对小陈的建议表示赞同。半个小时后,他们确定了本月内必须完成的项目目标,并迅速进行了分工。

仅仅半个月,小陈就带领团队顺利完成了当初制订的项目计划。

管理者为员工指明的个人奋斗目标,是建立在团队目标的基础之上的。基于此，管理者为员工指明了前进的方向，员工就能在执行的过程中体现自己的积极性和创造性，最终实现团队的目标。这样一来，既实现了团队的目标，也完成了员工的目标，员工因此而充满干劲儿，继续为团队的发展贡献自己的力量。

那么，把任务目标安排给员工，让他们去努力完成，是不是就意味着管理者自此就高枕无忧，等着收获就行了呢？当然不是这样。一个优秀的管理者，一定要注意非常重要的两个环节：一是为员工指明目标，另一个便是为员工的工作提供协助。

为员工指出前进的方向，首先需要管理者帮员工认清自己的目标。目标不能只是由管理者个人制定，而应该由管理者和员工共同拟定，至少要让员工明白自己努力的具体目标是什么。

有些管理者在分派完任务后，便忽视了对员工工作情况的关注，结果导致他们中有的人在错误的道路上越走越远，离目标也就越来越远。这就要求管理者一定要持续关注员工的执行过程。

让梦想变得现实可行

一个团队能走多远，能取得怎样的业绩和成就，很大程度上取决于管理者的梦想有多大。优秀的企业管理者大多具备一些共同特点：建立在现实基础上的梦想是他们自己乃至团队奋进的不竭动力。

很多人并不是没有梦想，只是他们总是抱着无所谓的态度去工作和生活。他们看起来工作努力，学习勤奋，但他们自己却不明确团队的愿景和自己的目标，因而他们的行动大部分是盲目的，他们的努力多半也成了无用功。

梦想会使人的天赋得到充分的发挥，使心中的激情喷薄而出，推动着自己马不停蹄地向梦想迈进。但是如果梦想建立在不切实际的基础上，还不如没有梦想，因为这种梦想并不能起到激励和引导的作用，只能让自己漫无目的地四处游荡，做事拖沓低效。

许多优秀的企业家在刚开始创业时面临着艰苦的条件，却总能将优秀的人才聚集在自己的周围，而这种魅力来自追随者相信团队的梦想终能实现。

百度公司刚刚创建的时候，员工的工作、生活条件非常简陋，作为只有几名员工、在业内没有任何名气和地位的初创公司，在各种条件都非常艰苦的创业初期，该如何搭建团队，吸引人才？公司创始人李彦宏所做的是给员工描绘美好的理想和远大的抱负，让员工相信自己在这个公司会大有可为。胸怀远大理想，有执着追求、乐于艰苦创业的人共同努力，最终成就了今天的百度公司。

每个团队都应树立自己的目标，在不同的发展阶段，设定的目标也是不一样的。管理者首先要从明确企业的发展目标入手，不然极有可能带领企业走入迷途。但是，脱离实际发展的梦想容易让员工失望，唯有让员工相信企业的目标，才能最终提升团队效率。

实实在在的梦想，对员工而言就是实实在在的看得见的目标。人们都有这样的生活经验：给你一个看得见的目标，你一步一个脚印去实现这些目标，你就会有成就感，就会更加信心百倍，向高峰挺进。

1952年7月4日清晨，世界著名的游泳好手弗洛伦丝·查德威克从卡德林那岛游向加利福尼亚海滩。她的想法并非不切实际，她曾经横渡过英吉利海峡，如果这次她成功了，她会因此再创一项纪录。

这天的雾非常大，连护送的船只她都看不见。时间一小时一小时地过去，当她在冰冷的海水里泡了15个小时后，远方仍旧是雾霭茫茫，查德威克感到难以坚持，再也游不动了。艇上的人们劝她不要向失败低头，再坚持一下。浓雾使她难以看到海岸，她不知道离自己的目标还有多远。最后，冷得发抖、浑身湿淋淋的查德威克被拉上了小艇。

这次挑战失败之后，她总结说，如果当时她能看到陆地，她就一定能坚持游到终点。事实上，妨碍她成功的是一眼望不到边的大雾，她因此无法确定具体的目标。

两个月后，查德威克又一次发起挑战。这一次她没有放弃，终于一口气游到了美国西海岸。

梦想要看得见、够得着，才能成为可追求的梦想，才会形成动力，帮助人们向着目标努力，获得自己想要的结果。管理者应该得到这样的启示：千万不要让形形色色的雾迷住了员工的眼，要让员工相信你的梦想。

作为一个管理者，让员工能够明确团队的愿景和自己的梦想都是可实现的，就能让员工最大限度地发挥他们的能力。很多时候，员工没有工作的动力，显得懒散无力，并不是他们不想努力，只是缺乏明确具体的梦想，没有奋斗的方向，不知从何处着手。

只有定下实实在在的目标，并制定相应的行动方案，在不断实践的过程中慢慢地接近目标，才能有助于员工理解企业的期望，并获取自身发展的动力，克服一切困难，最终取得成功。

具体说来，作为管理者，如何让自己的梦想和目标变得现实可行呢？以下几个步骤可以借鉴：

1. S—Specific：要具体

"做一个优秀的员工"，这并不是一个具体的目标。"学习更多管理知识"更具体一些，但是还不够具体。"学习更多财务管理知识"又更具体了一些，但是仍不够具体。怎样才具体，要加上第二点：M。

2. M—Measurable：要可衡量

要可衡量，往往需要有数字，把目标量化。"读三本财务管理的经典著作"就更具体了，因为它有数字，可衡量。

3. A—Actionable：要化为行动

"做一个优秀的员工"不是行动，"读三本财务管理的经典著作"是行动。但是，实际上"读"还只能算是一个比较模糊的行动。

怎样读？读了10页算不算读？匆匆翻了一遍算不算读？所以，还可以继续细化为更具体、更可衡量的行动，"读三本财务管理的经典著作，并就收获和体会写出三篇读书笔记"。

4. R—Realistic：要现实

如果你从来没有学习过财务管理的相关知识，或者从来没有写过任何一篇读书笔记，那么上面的目标对你来说不现实。如果你是个刚接触财务知识的基层领导，现实的目标应该是先读三篇财务管理的文章。

5. T—Time-limited：要有时间限制

多长时间内读完三本书？根据你的实际情况，可以是3个月，也可以是6个月。因此，加上时间限制后，这个目标最后可能变成："在未来3个月内，读三本财务管理的经典著作（每月一本），并就收获和体会写出三篇读书笔记（每月一篇）。"

使员工相信梦想并为之努力

在这个世界上有这样一个现象，那就是没有梦想的人在为有梦想的人达成目标。因为没有梦想的人就好像没有罗盘的船只，不知道前进的方向，有具体的梦想的人就好像有罗盘的船只，有明确的方向。在茫茫大海上，没有方向的船只只能跟随着有方向的船只航行。

优秀者之所以在成功的路径上较旁人走得更快更稳，因为他们总能找到"直线"的捷径。在努力的过程中,将梦想作为行动的方向,让他们少走了很多弯路。

在行动前,管理者就要尽最大努力让员工相信梦想并为之努力。树立必胜的决心,在结果面前必须有"一定要赢"的心态,这也是团队获得成功的最强大的动力。团队在管理者的带领下能够走多远,在某种程度上取决于管理者。目光远大的管理者从全局出发,制定远大的目标,让员工能看得见、够得着,激励员工勤奋努力,从而引领企业向更高远的方向发展。

沃尔玛帝国的创始人山姆·沃尔顿为人们做出了榜样。这个商业帝国的建立得益于他的梦想——他要为社会底层人群服务的梦想改变了这个世界。在当时,人们都忙于在市里开店,因为在小乡村开店挣不到钱。他当时的梦想很简单,就是希望帮助美国小镇和乡村居民过上跟大城市居民一样高质量的生活。基于这样的理想,沃尔顿把超市开在了乡村,并取得了成功。如果没有这样伟大的初衷,他的企业就不会发展到今天的规模。但凡取得成功的人,都有一个伟大的梦想。只有伟大的梦想,才能激起无穷的力量,才能在广阔的舞台上施展才华。

作为管理者,一定要设法让员工相信梦想,唯有如此才能形成奋斗的动力。如果目标设置脱离了实际,便成了荒诞的妄想,让员工无法接受。像这样的目标,超过了企业的现状和员工的实际能力,只会导致团队涣散。

下班之前,看到公司内部网上关于本部门的业绩公告后,部门同事瞬间就炸开了锅。小胡把自己桌上的文件一摔,站起身来说:"1000万元的单子,他以为自己是神仙啊?他定这么高的目标讨好老总,完不成挨罚的还是我们。"

"事先也不跟我们说一下,把这么高的业绩指标抛给我们,我们哪有这么大的本事?!"小刘也在愤愤不平。

"我们部门这么几个人这个季度要是达到1000万的任务目标,那可真是太阳打西边出来了。"角落里的小叶这样说道。

"上个季度累死累活,最后也只完成了600万元。反正是完不成目标,也不用努力了。"连平时一向沉稳的老李也抱怨了起来。

原本在公告之前准备加班的人,瞬间都飘出了办公室。办公室变得空空荡荡的。

如果这个目标没有实现的可能,也就没有了意义。更为严重的是,它还会重挫员工在执行过程中的积极性与自信心。如果要让目标对员工产生激发作用,那么对于员工来说,这个目标必须是可接受的、可以完成的,并且具备一定的挑战性,这样才可以激发员工的工作潜力。对一个目标完成者来说,如果目标超过其能力范围,则该目标将最终只会成为摆设。领导者在团队建设中的首要任务,就是为组织成员设定一个具体、明晰、有挑战性的目标。

如何把握制定目标的"度"呢?目标需要"跳一跳"才能"够得着"。制定企业目标的时候,不能让目标过低、轻易便能实现。管理者一定要从企业长远的发展规划出发,尽量将目标定得高又远,但不能远远超过企业可提供的条件或者员工的能力,超过可实现的范围。

作为管理者,把团队的愿景和个人的目标都建立在切实可行的基础上,并且让员工跳起来才能触碰到它,这样的团队一定会生机勃勃。

让每个人都看到晋升的希望

什么是晋升激励?晋升激励就是企业管理者将员工从低一级的职位提升到新的更高的职务,同时赋予与新职务一致的责、权、利的过程。晋升是企业一种重要的激励措施。企业职务晋升制度有两大功能,一是选拔优秀人才,二是激励现有员工的工作积极性。

提拔优秀人才,不仅可以激励员工的士气,也是留住员工的一种有效方式。在一个单位内部,必然存在管理的层级,每个层级的职位不是固定不变的,要让员工看到晋升的可能,这样才能有奋斗的动力。

对于员工来说,晋升不仅仅意味着薪金的提升,更主要的在于责任的承担,意味着他们的理想和抱负更容易施展,能在更大的平台上奋斗,也更能获得自我实现的满足感。当然,提供晋升的机会是少的,必须通过努力才能实现晋升,而这种晋升的希望就能激励员工努力工作,朝着晋升的方向努力。

建立了晋升的阶梯,就为员工的职业生涯打通了道路。这样,员工就可以目标明确地通过努力不断地得到晋升。就像一摊水一样，水还是这么多水，如果你让它不断地在旋转、在流动，哪怕在内部流动，这个水就是活水。同样，通过绩效考核、能力考核和不断的晋升，员工就可以被激活，他们就能够不断地提高自己的业绩，提升自己的能力，企业也因此而得到持续的发展的机会。

因此，给员工提供晋升的机会，是激励员工上进的重要策略。

微软在发展初期就十分重视员工的晋升渠道问题。如何让技术人员持续发光发热，比尔·盖茨提升技术过硬的员工担任经理职务。这一政策的结果也使微软获得了比其他众多软件公司别具一格的优越性。微软的管理者既是本行业技术的佼佼者，时刻把握本产业技术脉搏，同时又能把技术和如何用技术为公司获取最大利润相结合，形成了一个既懂技术又善经营的管理阶层。

实践证明，晋升对于大多数人来说是极具诱惑力的。晋升之后在地位、身份、收入、能力上带来的种种变化都是激发员工努力工作的基本动力，可以说，晋升是比其他激励方式更为有效的激励方式。通常大家都把名和利认为是最有效的员工激励手段，而权力正好介于两者之间，有了权力也就意味着会得到名利。在员工职业晋升体系中，员工晋升到更高一级职位，就表明其权力范围更大一些，所以很多员工都愿意为了权力而奋斗、努力。

一般情况下，人们对工作成果中凝结的个人贡献体验越强烈，成就感就越强烈，成就需要的满足程度也就越大。因此，员工职业晋升体系可以让员工在持续的职位晋升中极大地激发员工的成就动机，从而满足员工的成就需要。

第二章

制定规则：
敬畏纪律和制度

以铁的纪律打造铁的团队

曾任英特尔公司副总裁的虞有澄认为:"在战争中,严谨的纪律是制胜的关键。在商场上,纪律同样重要。"只有严明的纪律和规则才能使企业具备坚强的战斗力。

著名教育家陶行知和历史学家唐德刚先后谈到这么一个故事:

甲午战争之前,经过洋务运动,清朝海军的硬件条件已跻身世界前列。比起日本来,清朝海军力量强了很多,曾把军舰气势汹汹地开到日本去展示自己的实力。但强大的大清舰队并没有将日本人吓住,有一个叫东乡平八郎的横须贺钲宁府参谋长说,日本军队完全有可能战胜清朝海军。人家问他何以见得,他回答说,清朝兵船的大炮上晒着裤子,纪律如此,士气可知,虽有一二名将,何能为力?

这个日本参谋长的眼光果然独到，而陶行知也对此评价道："兵船的大炮上晒裤子，这就反映着主帅糊涂，将士放恣，全军紊乱。甲午战争日本所以胜，清军所以败，这并不冤枉。"

从某种意义上说，对于一个团队而言，纪律和规则比任何东西都重要，没有了纪律和规则，便谈不上成功。当一个团队和他的成员都有了强烈的纪律意识，在不允许妥协的地方绝不妥协，在必须遵守规章制度的地方坚决遵守时，团队才会朝健康的方向发展，员工的个人素质也会得到相应的提升。

在现实生活中，我们会发现很多有才华的人，因为没有纪律的意识，最终一事无成。作为团队的一分子，就要不折不扣地追随团队的目标，遵守团队的制度。为了团队的利益和需要，每位老板都会保留和提拔那些能严守纪律的优秀员工。

海尔集团是世界第四大白色家电制造商。独特的海尔纪律文化对今天海尔成就的取得可谓功不可没。

1985年，张瑞敏到海尔任厂长时，正值当初的海尔"病入膏肓"。张瑞敏首先从整顿员工的纪律开始，他规定的第一条纪律竟是"不准在车间大小便"。除此之外，还有工作时间不准抽烟喝酒，不准打牌聊天。这些在今天看来比较好笑的纪律，在当时并不好笑。海尔和那时大多数的工厂一样，人浮于事。人人似乎都在工作，然而人人确实又不在工作，工厂的绩效一天不如一天，这就是当时工厂的状况。

海尔制定工作的纪律简单明了：升职加薪全靠竞争，条件就写在食堂的黑板上。几年后,赛马机制、三工并存、动态转换,在位要受控、升迁靠竞争、届满要轮岗……这一整套已经不再是写在纸上的制度了,而成为员工张口即来、小心遵循的行为规范。

如今在海尔,每个人都有明确的岗位职责,一个人如果连续几次搞不清楚自己的职责的话,就有可能被降职或辞退。严明的纪律使得海尔形成了有条不紊的工作流程,助推了海尔的飞速发展。

当然,严守纪律的企业文化对于每个员工都有重要的约束作用,但这并不是限制和剥夺员工的自由。纪律不是枷锁,严谨的态度和优良的作风来源于对纪律的严格遵守。正是这样鲜明的纪律文化使得一个个企业脱胎换骨,展现出生机勃勃的发展势头。

在战争中,纪律严明的部队更有可能战胜队伍涣散的敌人。历史上的"岳家军""戚家军"之所以拥有非凡的战斗力,不能不说和部队的纪律严明有着密切的关系。市场虽然与战场不同,但是要在市场竞争中存活下来,必须审视自己的团队组织,确定自己的团队是否具有严明的纪律、是否人人都敬畏纪律。因为严明的组织纪律是提升企业组织战斗力的重要保证。

人人敬畏团队的规则,是优秀团队的重要特点。要想成为一名优秀员工,希望获得长远的发展,这种品质是不可缺少的。规则的最终目的就是让人们在不被管理者监视和控制的情况下,也懂得什么是正确的。

一个优秀的员工必定是个严守纪律的员工,一个优秀的团队必定是个严守纪律的团队。倘若员工不守纪律，不仅会因为自己的过失给团队带来直接的损失，也会影响其他员工的工作热情和纪律意识，破坏整个企业的风气。

管理者的重要任务之一，是要在团队内营造纪律氛围，形成人人敬畏规则的风气。

团队的"热炉法则"

管理学中有个著名的"热炉法则"，它由管理学家麦格雷戈提出，"热炉法则"包含以下几个要点：

（1）预警性——炉子火红，一般情况下不用手摸也都知道是烫的。

我们在执行任务的过程中，要在心里拉条尺，要知道做什么会越过企业"天条"规定，做什么才能维护企业的严格纪律与权威。

（2）惩罚性——每当你碰到热炉，肯定会被灼伤。

执行过程中一旦触犯企业的规章制度，就一定会受到惩处。

（3）及时性——只要碰到炉子，灼痛就马上发生。

任何惩处都会在错误行为发生后立即执行，不会留给我们悔过的时间和机会，因此，执行中要提醒自己，将触犯纪律的失误减至最少。

（4）公平性——不管谁碰到炉子都会被烫伤。

在团队管理的过程中，团队的规章制度适用于每个人，不管是谁，只要违背了规章制度就一定会受到惩处。即使自己身处管理层，又或者做出过大贡献，只要触犯了团队的规章制度也不能免于惩罚。这是"热炉法则"的核心精神所在。

在一个团队里，规则规范对于员工来说，就是不可触摸的"热炉"。一个好的员工视规章制度如生命，把严格遵守规章制度当成工作的一部分。团队管理者必须训练员工重视"热炉规则"，让员工敬畏规则。

一个有原则、守纪律的员工必定是个让人放心、受人尊重的人，能够自觉地维护团队的利益。这样的员工能够跟随团队一起成长，永远受人信赖。

2010年8月，张智敏一毕业就顺利进入一家外企在北京设立的办事处，不菲的薪水、较大的发展空间，令很多同学羡慕不已。公司不大，人尽其才，张智敏渐渐成长为一个合格的销售助理，辅助销售人员做一些货运、文档方面的工作，可以独当一面。

然而，张智敏也渐渐骄傲起来，对销售人员乃至部门经理安排的事情，要么就是有选择性地做，要么就是忘在脑后，态度甚至有点傲慢。好在张智敏是公司唯一的女性，有时跟同事产生矛盾，只要不违背原则，总经理总是以"男士要有绅士风度，不要跟女孩子计较"为由，让男同事礼让张智敏几分。

有一次，张智敏和四个同事一起去参加展会。开展当天，由张智敏负责的好几个文档都被她落在家，虽说事后公司同事通过邮件救了场，但也对工作小有耽搁，几个同事就因不满说了她几句。回去后，张智敏竟赌气递上辞呈。总经理为稳定团队，挽留了她，张智敏因赢得"胜利"而得意扬扬。可没想到，此后递辞呈竟成了张智敏的撒手锏，一有不如意就赌气辞职。2010年年底，总经理终于在辞职信上签名准许，竟然弄假成真，张智敏这才后悔莫及。

张智敏被辞退，是"罪"有应得，谁让她把企业的制度视若尘土，把纪律看成儿戏呢？

一个不尊重企业制度、不遵守企业纪律的人，根本不可能是一个有团队精神、对企业负责的好员工。巴顿将军说过："纪律只有一种，就是完善的纪律。假如你不执行、不维护纪律，你就是潜在的杀人犯。"诚然，目无制度、不守纪律者的言行不仅会害了企业，还会给他人、给社会带来严重的灾难。

让员工认同企业，首先要让员工服从企业的制度和纪律。员工应该将遵守纪律规则作为自己的行动原则，将纪律和规则作为自己的行动指南。因此，应该避免出现一系列违背团队纪律和规则的行为。

有些人明明很聪明，却没有获得成功，这是为什么呢？很大一部分原因就在于他们习惯于违背规章、投机取巧，并且不愿意付出与成功对等的辛勤汗水。他们渴望到达顶峰，却又不愿走艰难的道路；他们渴求胜利，却又不愿做出任何牺牲。投机取巧和违背规章都会让人退步，只有勤奋踏实地工作，才能给自己带来成就感，并为个人的职业发展打下良好的基础。若想获得空间自由，必须以严格遵守纪律为前提。

另外一些人之所以会犯错,是因为他们粗心大意、鲁莽草率。许多员工做事没有把纪律放在心上,也不严格要求自己,将半成品、成品、废品随意摆放,将个人用品和办公用品胡乱堆放,对团队的规章制度抱有应付思想。久而久之,形成懒散、马虎的做事风格,一个人一旦养成这种坏习惯,就会对执行力、执行结果造成极大的伤害。

有人说过:"无知和好高骛远是年轻人最容易犯的两个错误,也常常是导致他们失败的原因。"许多人怀有高远的理想,充满工作激情,一心想成就一番丰功伟业。然而当他们面对平凡的岗位和平静的生活时,就会显得漫不经心,工作中容易出现疏忽,酿成错误。

任何人都不能忽视团队的制度和纪律,否则,就会给企业和个人带来损失。

一个认同自己职业和团队的员工,必定是一个具有强烈规范观念的员工。这样的员工因为有着强烈的规范意识,对于工作的理解也是深刻的,他会严格遵守团队的规章制度。

不要与规章制度对抗

在部队里,服从是军人的第一天职,无论你立下多少赫赫战功,都必须一切服从指挥。但是,我们从这个"第一天职"里面知道,遵守"服从第一"的效率是最高的。

在西点军校,小心谨慎的学员们必须严格遵守学校的规章制度，无论这些制度看起来是否符合人性。如果想与权威的规章相对抗，结果便十分不妙。即使不被开除学籍，也要背着许多包袱走向工作和生活。

有位学员胆子很大，无视校规，硬要表现得与众不同。有一次，他对军校的某项强制性规定提出疑问，尽管提问题的方式完全合法，但他忽视警告，坚持自己的观点，不断质疑，因此受到提交军法审判的威胁，还有人提出不予其毕业的建议。他的寝室遭到非法搜查，并被没收了一些私人书籍和信件。

这名学员向检察长提出申诉，骚扰才告终止。但是，处罚并没有减轻，这名学员在3周内走了80小时，其中接连6天扛枪连续走6小时。为此他的右髋部得了慢性病，医生说别的器官可能也受到了损伤。问题是在罚走期间去看医生，情况会更糟，处罚不会因为医生关于伤痛的结论而减轻。如果不能在规定时间内完成处罚项目，正常的休假将被取消；即使宣布毕业也要留下来，直到执行完惩罚才能离开。对这位学员的最后意见，是当时的校长塞缪尔·科斯特少将拟订的。后来，该问题又被反映到了部队，影响了这位学员正常的发展和晋升。

部队根据军校意见，一开始推迟任命其具体职务，后来推迟了其正常的自动晋升中尉的时间。无奈，这位学员以少尉军衔愤然复员。但西点的原则依然不变，合格军官的准则任何人不可动摇，无论是否有人为此付出了巨大的代价。

西点军校的这些做法虽然苛刻，甚至不近人情、不可理喻，但西点是"金字招牌",容不得一点怀疑。每个西点学员都必须以发扬西点精神为己任。如果在军校学习期间不能牢固树立这种观念,真正开始军事生活后就会缺乏坚定的理性基础,很难成为对部属、对军队乃至对国家负责的军人。

企业虽然不会像军校那样苛刻,但团队的纪律仍然是不容侵犯的。因为强化责任最直接的方式就是强化纪律观念,通过对纪律的认识、理解和遵守执行,来加深对责任的理解。违反纪律就是藐视规则,亵渎职责,推卸责任,会妨碍团队的管理与正常运行。因此,千万不要触碰纪律的"热炉",自觉做到遵守纪律。

世界上没有任何事情是绝对的,自由也是。没有法律的约束,自由就会沦为堕落。团队建设亦如此。古语曰:"工欲善其事,必先利其器。"公司要达到商业目的,就必须先构建有纪律的、团结有力的、无坚不摧的团队。团队想完成任务,就必须磨砺每个成员无比坚强的信念,要求每个成员用严明的纪律来约束自己。许多员工把纪律视为洪水猛兽,其实它并不那么恐怖。

英国克莱尔公司在新员工培训中,总是先介绍本公司的纪律。首席培训师总是这样说:"纪律就是高压线,它高高地悬在那里,只要你稍微注意一下,或者不去碰它的话,你就是一个遵守纪律的人。看,遵守纪律就这么简单。"

在纪律问题和对上司的服从上,军人的态度是毫不含糊的。我们深知,部队的纪律比任何要求都重要,军人的服从是职业的客观要求。"企业"号舰长哈西尔说过:"纪律是保持部队战斗力的重要因素，也是士兵们发挥最大潜力的关键。所以纪律应该是根深蒂固的，它甚至比战斗的激烈程度和死亡的可怕性质还要强烈。"在哈西尔的倡导下，"企业"号的士兵们就是如此认识纪律，也是如此执行纪律，并且一贯如此。

必须让员工明白这一点：遵守纪律很简单，不遵守纪律的后果却是很麻烦的，一旦违背了纪律，就会受到严重惩罚。塞尼加说："只有服从纪律的人，才能执行纪律。纪律至高无上，更无可替代。"所以，任何一位想在工作中有所作为的员工都要坚决杜绝这些无纪律意识的产生，自觉地遵守公司的纪律，做好自己的本职工作。这是一个员工应该遵守的最基本的法则。作为一个服从纪律的员工，不仅应该自身遵守和服从纪律，更应该监督其他员工服从纪律。这样，才有利于公司和个人的共同发展。

培养员工的规矩意识

"没有规矩，不成方圆"，这句古话如今依然闪耀着光芒。任何一个团队，如果没有规矩的约束，就有可能是一盘散沙。有人质疑过多的规矩意识会导致团队的行政化倾向，但是没有规矩将会导致建立团队的基础不牢靠。对团队管理者来说，培养员工的规矩意识是有必要的。

我们知道，团队是人的组合，而每个人都有自己的思想和行为。但是在团队里，需要尽量避免突出的个人思想和行为，要求整体步调一致，所以纪律的约束不能缺少。

团队的管理基础不应该是随时、随地、随意由个人处置，无章可循。建立企业管理制度，让每个人树立规矩意识，在制度的轨道下做事，团队才能得以长久发展。

在每个团队的建立之初，管理者首先要做的就是指定明确的纪律规范，为自己的团队画出规矩方圆。制度也包括很多层面：财务条例、保密条例、纪律条例、奖惩制度、组织条例等。这些规章制度有利于员工规则意识的养成。

"90后"员工李浩大学毕业后很顺利地到一家科技公司做市场销售的工作。本来这是一份前景很乐观的工作，李浩却因为细节上出了一些问题，和老板同事的关系弄得非常紧张，令他沮丧万分。

上班时，李浩无视制度的规定，依旧左面口袋里揣着PSP游戏，右边口袋里揣着手机，讲起电话来没完没了，云山雾罩，唾沫横飞，玩起游戏也是不分场合。

一天，李浩正在打电话，讲到高兴处哈哈大笑起来，被下来检查工作的上司逮了个正着，上司当场就发了火，勒令他遵照公司的制度办事，不要在上班时间打私人电话，影响其他同事工作，并且给他一道选择题：如果保留他的随性，请另谋高就；如果要继续为公司服务，那么请剪掉他漠视制度的"小尾巴"。

在企业中，有些员工不懂"规矩"，不断挑战公司制度的底线，扰乱工作秩序，导致团队工作效率下降。

规矩是什么？规矩有什么用？用直白的话说，规矩就是一把尺，告诉员工什么该做、如何做、什么不该做。防止员工办错事，惩罚办错事的人。

看看这些已经有百年历史的企业：IBM、花旗银行、默克制药……我们可以发现，有规矩的企业才能有机会成为真正的百年老店。再往前追溯，春秋时期的军事家孙武就懂得"立规矩"的重要性。

一次，孙武去见吴王阖闾，吴王问他能不能训练女兵，孙武说："可以。"于是吴王便拨了一百多位宫女给他。孙武把宫女编成两队，用吴王最宠爱的两个妃子为队长，然后把一些军事的基本动作教给她们，并告诫她们要遵守军令，不可违背。

不料孙武开始发令时，宫女们觉得好玩，一个个都笑了起来。孙武以为自己话没说清楚，便重复一遍，等第二次再发令，宫女们还是只顾嬉笑。这次孙武生气了，便下令把队长拖去斩首，理由是队长领导无方。

吴王听说要斩他的爱妃，急忙向他求情，但是孙武说："君王既然已经把她们交给我来训练，我就必须依照军队的规定来管理她们，任何人违反了军令都该接受处分，这是没有例外的。"结果真的把队长杀了。

宫女们见孙武纪律严明，都被吓得脸色发白。第三次发令，再没有一个人敢开玩笑了。训练也终有所成。

现代企业家杰克·韦尔奇力推"六西格玛管理"，张瑞敏发怒砸掉了不合格的冰箱，这其实都是在立规矩。规矩立起来了，大家就有了准则，有了行动的标杆。从更深的层次讲，企业之间的竞争实际上也是规矩之争，作为制定规矩的企业领导者来说，谁的胸怀和气度大，谁就能立起有效的规矩，谁的企业才能随之发展和壮大！

对于管理者而言，如何使规则意识在员工中生根发芽，得到他们的认同，是一个值得深思的问题。

不能破坏制度的"刚性"

在既定的规章制度面前，没有职务高低、关系亲疏，也没有特权，一旦制定了规章，就必须坚决地执行下去。

对于团队成员而言，每条规章制度都具有一定的刚性。

春秋时期，晋国有位叫李离的狱官。有一次，在审理一件案子时，李离由于误听了下属的一面之词，结果将一个犯人错判致死。后来案情真相大白后，李离决定以死赎罪。

晋国国君很看重李离，就劝说他："官有贵贱，罚有轻重。这件案子主要错在下面的办事人员，又不是你的过错。"李离回答道："作为国家的狱官，要保证国家法律的公正。既然我犯了错，就是违反了法律。为了保证以后法律的有效实行，我不能打破这个规矩。"说完之后，李离就自杀了。

李离以死赎罪，体现了其对国家法律制度的刚性支持。晋国法律得到了有效维护，晋国的国力也因此大为增强。只有保证已有制度的贯彻执行，才能有效进行管理。

制度的建立，是为了保证团队日常管理的规范。有制度，就要有执行。企业的管理中，保证制度的刚性是根本。

既然制度如此讲求公平，那么就要求所有的团队成员在执行规章制度的过程中，能认识到制度的刚性，不触碰制度的禁区，做一个时刻行走在团队轨道上的优秀员工。

有些员工处理不好严格服从制度与开拓创新的关系，把严格服从纪律同企业的改革发展对立起来，认为企业要发展，改革要深化，纪律就要"松绑"。因此认为企业的纪律是束缚企业发展的条条框框，应当冲破，可以变通。这种认识是绝对错误的。正是因为行走在纪律之上，员工才能拧成一条绳，共同为企业改革和发展出力。

当然，从管理者的角度来说，有一点更为重要：在纪律面前，必须做到人人平等，一视同仁，任何人都必须遵守、执行纪律，作为一个团队的中高层管理者，尤其要带头执行，不然的话，整个团队的规章制度将成为一纸空文，成为粉饰自己的花瓶。

不论你身居何职，有一点是始终不变的，那就是服从纪律永远是第一位的。千万别以为你立功受奖或者升职了，纪律意识就可以松懈。在纪律面前，大家都是平等的。谁破坏了纪律，谁就要受到处罚。

想当年，企业家柳传志为了整顿团队纪律，规定每次开会迟到的人都要罚站。不料第一次被罚站的人竟然是他的老朋友、老领导——原计算所科技处的一个老处长。但纪律当前，谁也不能享有豁免权,柳传志最终还是硬着头皮让他罚站了。柳传志说:"罚他站的时候,他站了一身汗,我在这儿坐着也一身汗,后来我跟他说:'今天晚上我到你们家去,给你站一分钟。今天,你非得在这儿站一分钟不可。'当时真的很尴尬,但是也就这么硬做下来了。"领导以身作则,上下一律平等,这样的纪律执行得相当彻底,十多年来无一人例外。柳传志自己就被罚过三次,有一次还是因为被意外地困在电梯里面,叫天天不应,叫地地不灵,但没办法,纪律摆在那儿,一样罚站。

所以,柳传志领导的联想公司发展到今天这样辉煌的程度,跟它严明的纪律有着莫大的关系。

其实,何止知名公司如此?运动团队、政治场合、学术圈子……做得好的团队都是那些纪律严明、不徇私舞弊的优秀团队。

一个团队如果允许有人因为职位高、能力强和功劳大而凌驾于纪律之上,那么纪律的威严便丧失了。"上梁不正下梁歪",上面的人都不遵守纪律,又怎么可能叫下面的人认真执行呢?

事实上,聪明的管理层绝不会爱人才胜过爱制度,那会因小失大,导致个人威信的丧失、整体纪律的涣散。因此,聪明的员工还是不要拿制度开玩笑。

钢铁纪律不容打破

一个团结协作、富有战斗力和进取心的团队,必定是一个有纪律的团队。同样,一个积极主动、忠诚敬业的成员,也必定是一个具有强烈纪律观念的成员。可以说，纪律永远是忠诚、敬业、创造力和团队精神的基础。

日本伊藤洋货行就是一个很好的例子。尽管岸信一雄是个经营奇才，但他居功自傲，不守纪律，屡教不改，董事长伊藤雅俊最终还是下决心将其解雇，以一儆百，维护企业的秩序和纪律。

功绩赫赫的岸信一雄突然被解雇，在日本商界引起了不小震动，就连舆论界也以尖刻的口气批评伊藤。

人们都为岸信一雄打抱不平，指责伊藤过河拆桥，将三顾茅庐请来的一雄解雇了，是因为他的能力被全部榨光了，已没有利用价值了。

在舆论的猛烈攻击下，伊藤雅俊理直气壮地反驳道："秩序和纪律是我的企业的生命，不守纪律的人一定要处以重罚，即使因此暂时降低企业的战斗力也在所不惜。"

事件的真相到底是怎样的呢？

原来，岸信一雄是由东食公司跳槽到伊藤洋货行的。伊藤洋货行是以衣料买卖起家，食品部门比较弱，因此才会从东食公司挖来一雄。"东食"是三井企业的食品公司，对食品业的经营有比较丰富的经验，于是有能力、有干劲儿的一雄来到伊藤洋货行，为伊藤洋货行打了一针强化剂。

事实上，一雄的表现也相当好，贡献很大，十年间将食品部的业绩提高数十倍，使得伊藤洋货行的食品部门呈现一片蓬勃的景象。

从一开始，伊藤和一雄在工作态度和对经营销售方面的观念即呈现出极大的不同，随着时间流逝，裂痕越来越深。一雄非常重视对外开拓，常多用交际费，对部下也放任自流，这和伊藤的管理方式迥然不同。

伊藤走的是传统保守的路线，一切以顾客为先，不太与批发商、零售商们交际、应酬，对员工的要求也十分严格，要他们彻底发挥自己的能力，以严密的组织作为经营的基础。伊藤当然无法接受一雄这种豪迈粗犷的做法，因此要求一雄改善工作态度，按照伊藤洋货行经营方式去做。

但是一雄根本不加理会，依然按照自己的方法去做，而且业绩依然达到水准以上，甚至有飞跃性的成长；充满自信的一雄，就更不肯修正自己的做法了。他说："一切都这么好，说明这路线没错，为什么要改？"

为此，双方的分歧越来越大，终于到了不可收拾的地步，伊藤只好下定决心将一雄解雇。

松下幸之助一向重视"人情"，主张尽量不解雇团队成员。但他也指出："这件事情不单是人情的问题，也不尽如舆论所说的，而是关系着整个企业的存亡问题。"对于最重视纪律、秩序的伊藤而言，食品部门的业绩固然持续上升，但是他却无法容许"治外权"如此持续下去，因为这样会毁掉过去辛苦建立的团队体制和经营基础。从这一角度来看待这件事情，伊藤的做法是正确的，严明的纪律的确是不容忽视的。

在这个竞争激烈的年代，成员的纪律观念更加重要。成员若没有服从纪律规定的意识，就会像一盘散沙一样，这样的团队很难有所发展；只有成员们团结一致，高质量地完成团队的任务，为共同目标而奋斗，团队方能基业长青。所以，纪律观念必须深植于每个人的心中，遵守纪律不仅是每个人生存的基本需要，也是事业成功的关键因素。

团队是否遵守纪律在最终的表现上会有本质区别。管理者必须切实重视团队的纪律建设，不要让团队的纪律成为摆设，而应成为团队成员心中的行动准绳。

尊重并服从团队规章

我们知道，任何一家企业的制度和战略的形成，都是无数商战和管理者智能、经验、教训的结晶，都经过了充分的前期调研和论证。应该说，从理论上企业的决策都是可行的，能够给企业的生存和发展带来巨大的经济效益和良好的社会效益。但是，这些看起来非常不错的战略和制度，却常常因为员工的不理解和不服从而宣告失败。

正是基于这一点，优秀的团队管理者对团队规章十分重视。如有些企业严格规定，企业制度和战略一经形成，任何人都必须无条件地服从，即使是管理者也不能寻找任何借口违背企业的制度，偏离企业的发展战略。

现在的企业普遍存在着有令不行、有禁不止、阳奉阴违的现象，这让管理者感到头疼。不服从纪律的员工是潜在的危害公司生产力的杀手，迟早会被企业扫地出门，他们使老板觉得自己形同虚设，权威受到藐视，还影响公司全体成员的协调性。

相反，以服从组织纪律为天职的员工则会为企业带来竞争力，这样的员工也能带给企业无限的前景。

尊重并服从团队的规章制度是一种美德，职场人士必须以服从组织的纪律为第一要义，没有服从观念，就不能在职场中立足。每位员工都必须服从上司的安排，就如同每个军人都必须服从上司的指挥一样。大到一个国家、军队，小到一个企业、部门，其成败很大程度上就取决于是否完美地贯彻了服从的观念。

服从命令的习惯不仅能让个人变得敬业，还能强化整个团队的工作能力。团队有如一部联动机，只有当所有的部件都忠实地履行自己的职责时，整个机器才能运转自如，而当各个部件都有超常表现时，整个机器的性能就会成倍地提高。

建立问责机制

一个组织或团队，要做到"万里长城永不倒"，就必须将各个成员的责任落实下去。落实效果如何，必须有一个监督追究责任的机制，这种问责制是有效执行的重要保障。

问责制是一种现代管理制度，每个人的行为和业绩都要受到监督。每个人必须落实自己的责任，为自己的言行举止、工作方法和效果负责,并接受来自上级和下级的多种方式的评判。简言之,它是有关企业成员的责任追究制度。

问责制是和责任密不可分的,它的逻辑基础就是有责任就必须落实,只要是在责任落实范围内出现事故,就必须有人来为此承担责任。严格意义上的问责制的前提是拥有清晰的权责、合理配置划分管理责任以及合理的进退制度。

建立合理的问责制是构建强大落实力的最有力的保障。

如何将问责制落实到企业每个成员身上呢?主要可以从以下四个方面去落实:

(1)领导要树立负责任的榜样力量,并对其所管辖的范围及所领导的下属进行教育、管理和监督制约。

首先,在问责过程中要讲究方法。所有管理工作事先多花些时间,研讨设定好考核标准,到时间期限时,就可实施问责制,营销计划目标问责,事事问责,人人问责。没有做到和完成工作任务的应该受到处罚,完成好的应该得到奖赏。

其次,领导负责等于没有负责人。这是问责制的一个重要原则——不要什么事情都由领导负责,要善于授权和分解压力,要让每个人都有权力,这样才便于问责,否则就会出现没有权力就不承担责任的问题。

再次,边缘工作首接负责制。一件事如果还没有界定应该由哪个部门负责时,谁先遇到、接触到谁就得负责到底。

(2)问责的基本方式有两种:一是自我问责,主动承担责任,如自我检讨、道歉、请求辞职等。二是组织问责。问责应根据没落实责任造成的后果规定具体的问责档次，如责令做出书面检查、公开道歉、通报批评、调离工作岗位、辞职等。

（3）建立问责制要与绩效评估结合起来。绩效评估是引导领导者和其他工作人员树立正确导向、尽职尽责落实好各项责任的一项重要制度，也是实行问责制的前提和基础。有了绩效评估的结果，问责才有可靠的依据。

（4）问责制的真正落实，还需要加强相关配套制度的建设。首先，要建立科学的考核评价制度，运用多层次、多角度、多渠道的评价方法，对组织成员的综合素质和落实责任的情况做出正确客观的评价，才能为问责制的实施提供有力依据。其次，要建立健全的舆论监督。再次，要建立被问责人员的跟踪机制，对于主动承担责任、改进工作的人员要给予提拔任用。

第三章

提升自我：
让自己成为团队的"灵魂"

成为团队的"主心骨"

优秀的团队管理者必须成为团队的"顶梁柱""主心骨",必须成为团队的灵魂。管理大师路易斯·B.蓝伯格奉行的哲学是:"不要退而求其次。安于平庸是最大的敌人,唯一的办法是追求卓越。"要想带领你的团队不断走向优秀,必须把自己训练成团队的"主心骨",用能力和结果证明自己。

适者生存,要么成为最优秀者,要么被淘汰出局。如果自己不是团队成员心目中的主心骨,团队就会失去支撑,团队的凝聚力也会大为降低。

管理者成为团队的主心骨,是团队和个人能够保持生存优势、缔造常青基业的根本保障。放弃了这些,就是放弃了生存的根本。

管理者作为团队的主心骨,必然会得到下属的认同和跟随。不被认同的领导者是可悲的,这样的领导者得不到下属心甘情愿的认同和追随,也会让管理工作变得寸步难行。从实际工作经验中可知，被领导者一旦认同了领导者的人格和人品，就很容易认同领导者的决策，接受领导者的工作安排。此时，被领导者在不知不觉之中，也能心甘情愿地服从领导者的意图和安排。

电影《斯巴达克斯》的最后一幕是这样的：奴隶们被罗马军队俘获，当罗马将军告诉奴隶们，如果他们能把斯巴达克斯交出来，就能免他们一死。这时，反对罗马政权的起义领袖斯巴达克斯挺身而出，告诉罗马将军："我就是斯巴达克斯。"可难以置信的是，他身边的奴隶紧接着也说自己是斯巴达克斯，随后，另一个奴隶也站出来说同样的话。一个接一个，最后整个奴隶军团的人都说自己是斯巴达克斯。

正是由于斯巴达克斯是这个团队的主心骨，他的个人影响力感染着其余的奴隶们，才获得了他们的拥戴和认同，他们甚至愿意为了这份认同，为了对自由和平等的诉求，主动称自己是斯巴达克斯，哪怕面对的是死亡也在所不惜。

无论你从事哪一行，都必须用自己的能力证明自己是团队中的优秀分子。每个人必须有这样一个简单而重要的观念——成为团队的中坚力量，这样才能成为带领团队前进的人。

在中国还没有出现"打工皇帝"的时候，就先出现了一个"打工皇后"。吴士宏从一个普通护士一路奋斗到微软中国区总裁的位置，这个故事的传奇性令人叹服。

当时还是个年轻护士的吴士宏，抱着台收音机学了一年半的《许国章英语》，就壮着胆子去IBM应聘。她站在长城饭店的玻璃转门外，足足用了5分钟来观察别人怎么从容地步入这扇神奇的大门。

　　成功进入 IBM 后，吴士宏最初从最基层办事员做起。她沏茶倒水，打扫卫生，完全是体力劳动。她曾感到非常失落，连触摸心目中的高科技象征——传真机都是一种奢望，她仅仅为身处这个安全而又解决温饱的环境而感到一丝宽慰。

　　为了改变这种状态，吴士宏做出了巨大的努力。为了达到专业打字员的水平，她没日没夜地苦练，很长一段时间手指拿不住筷子；为了通过计算机语言考试（否则要"下岗"），她用两个星期的夜晚啃完一尺半高的教材；为了能够锻炼口才以适应推销业务，她把自己关在家里对着墙壁反复练习绕口令，练习专业术语快读，导致咽喉充血不能进食。

　　她觉得只要坚持做好自己手头的工作，上级一定会给她更多的锻炼机会，直至为她提供崭新的奋斗平台。果然不出吴士宏所料，上级开始注意到她的辛勤与敬业，进而发现她的才华，逐渐交给她一些更有挑战性的任务。终于，吴士宏得到了一项最大的任务，便是承担 IBM 中国公司华南地区的全部销售工作！

　　吴士宏在 IBM 公司工作了12年，以苦干实干著称，终于从一名勤杂人员成长为高层管理人员。

　　吴士宏的奋斗历程，给更多的人带来启示：优秀的人才是"真刀实枪"干出来的。没有背景、没有资历、没有经验，只要努力，照样能成为一个团队的领导者。

在工作中,每个管理者都应该常常这样问自己:如果现在的团队没有你,对于团队来说是不是一个很大的损失?你的潜力、你的价值能不能够大到让部下在任何时候都不舍得放弃你?如果你的答案是肯定的,那你就已经是团队的主心骨了。

要生存和发展,必须要成为主心骨,这应该成为所有管理者的座右铭。

带领下属"跟我冲"

埃德加·斯诺在《西行漫记》中评述过红军与国民党军作战方式的不同。他认为,红军的作风是"跟我冲",国民党军的作风是"给我冲"。两种不同的领导方式,却能带来天壤之别的效果,"跟我冲"也成为红军屡战屡胜的法宝。

"跟我冲"能让下属感到领导者时时和自己站在一起,每个员工都有强大的后盾支持着他们,也能带领他们奔赴正确的奋斗方向。这种以身作则、率先垂范的优秀领导者,还具备一种令人信服的精神力量,能让下属从心中萌生出敬佩与信赖之情,进而产生一股强大的凝聚力、感召力。

行动往往比语言更有说服力,让下属"跟我冲",更容易博得下属的信任与认同。即使没有声色俱厉地发号施令,下属也会心甘情愿地奋勇跟上。因为在他们眼里,领导者没有自绝于团队之外,领导者就是团队的"灵魂"。

有一次,王经理走访一处物流中心时,发现了一些极其凹凸不平的面团。他很清楚这些面团属于劣质品，不能出厂。但是他并没有说什么，而是卷起袖子和那里的工作人员一起解决这一质量问题。在场的工作人员都很受感动，并保证以后不会再有同样的事情发生。

这位王经理以实际行动让下属跟自己"冲"，而不单单是说教。喊"跟我冲"的管理者会把团队成员视为相濡以沫的朋友，而不仅仅是唯命是从的下属。这样的管理者往往像拥有强大的磁场一样，将整个团队紧紧地吸附在周围。

所谓"跟我冲"，是指在团队利益将要遭受损害时，能够主动站出来维护组织的利益。

带领下属"跟我冲"，无论遇到怎样的困难或是发生什么意想不到的情况，都能与大家并肩作战，共渡难关。

有一次，飞机上发生了这样的一件事情，一个年轻的空乘不小心把水洒在了旅客的身上，旅客穿着湿漉漉的衣服当然非常难受，就开始发火，质问这名空乘是怎么回事。

看到旅客的愤怒之后，这名年轻的空乘更加紧张了，她其实很想用毛巾给旅客擦拭一下，但是又害怕遭到旅客更严厉的呵斥，所以，就很客气地对顾客说："先生，对不起，刚才我不是故意的。"

听到空乘说自己不是故意的，这让旅客更加生气了，他开始发牢骚，说："我穿着湿乎乎的衣服有多难受，你一句'不是故意的'，我难道就该老老实实地活受罪？"这时，年轻的空乘又开始道歉，可是这时候说什么，这名乘客也听不进去了，他的心情越来越糟糕,并且扬言一定要投诉这名空乘。

在这样的情况下,乘务长并没有因为惧怕顾客的指责而躲起来,而是马上快步走了过来,主动尝试帮助同事化解窘况。她俯身对旅客说:"先生,真对不起,把您的衣服弄湿了,这是我们工作的失误,您先消消气,我可以帮您擦一下湿衣服吗?"

然后,乘务长马上对旁边惹祸的空乘说:"你去帮我拿块热毛巾,先给乘客擦一下。"年轻的空乘马上转身离去,快步去取毛巾。看到两名空乘已经有了具体的补救行动,这名旅客愤怒的情绪慢慢地平息了,毕竟他不能对着一个代人受过的乘务员发脾气。他也明白眼前这个殷勤的乘务长并无过错,而且关键时刻能站出来,帮助自己的同事解决工作中出现的问题。

在旅客下飞机时,乘务长继续道歉说:"对不起,今天给您的旅途添麻烦了。"这时候的旅客不但不生气,还笑着说:"我发脾气也不对,谢谢你们周到的服务!"

就这样,一件看上去很棘手的事情,在乘务长的调解下得到了圆满的处理,并且为集体赢得了服务周到的美誉。

人们在一起可以做出单独一个人所无法做出的事业,智慧、双手、力量结合在一起几乎是万能的。一个人的力量是有限的,但是很多人组成的群体却可以移山填海,可以飞越太空,这并不是什么奇迹,而是团结的力量!

管理者必须具备带兵打漂亮仗的能力,要能够从自身做起,树立能够让下属参照的工作形象，把每份工作都努力做到尽善尽美。只有敢于担当，身先士卒，才能带好团队。

喊破嗓子，不如做出样子

"喊破嗓子，不如做出样子。"管理者必须真真切切地去做，才会吸引员工追随。拿破仑常常用他那叱咤风云的豪迈气概，鼓舞部队的士气和提高战斗力，他坚定地认为，在千钧一发的时刻，将帅本人的坚毅决心和模范行动，是拉动"火车"前行的"火车头"，是取得战斗胜利的巨大精神支柱。

管理者作为上司，理所当然地要起到模范、表率作用，形成上下同心协力的工作局面。美好的形象能产生一种形象效应，给下属以信心、勇气和力量，鼓舞他们勇往直前。管理者的顽强意志与人格魅力，指引着下属的工作方向。

提到海尔公司，人们就会想起张瑞敏，海尔的发展与张瑞敏的努力密不可分。而张瑞敏在谈及海尔时，除了称赞全体员工外，还会格外称赞他的助手、海尔集团的总裁杨绵绵。

1984年12月，时任青岛市家电公司副总经理的张瑞敏组建青岛电冰箱厂。张瑞敏上任之后，决定引进德国利勃海尔电冰箱的生产线，实际上是购买利勃海尔的电冰箱生产技术。

在张瑞敏的真诚邀请之下，杨绵绵参与了项目的引进，并成为张瑞敏的主要助手。

几乎所有人都不看好这个项目。用杨绵绵的话说，当时的情况是：一分钱没有，就那么几块地，几间破房子，要把那些没有见过、也看不懂的设备引进来，谁心里都没底。

但既然决定引进这个项目，那就必须做好。既然决定生产冰箱，那起码得对冰箱的生产过程有一个基本的了解。于是，张瑞敏便让杨绵绵去了解一下情况。

打听之下，杨绵绵才发现，国内并没有真正懂得冰箱生产的技术人才，而她自己对冰箱的印象还停留在小时候看到的古黄冰箱上。

这么大的一个引进项目，总不能由一群门外汉来操作。于是，她专门去图书馆苦读关于冰箱制造的书籍。她发现一本名叫《电冰箱》的书，写得非常详细，便专程去上海向此书的作者请教，把他请过来做企业顾问，让他把冰箱制造的基本原理详细讲了一遍。通过这样强化式的"学习"，杨绵绵才初步掌握了相关知识。

此后，她又派人向国内的同行学习，回来之后结合自己之前掌握的知识，设计出了图纸，从此开始了电冰箱的制造和研究。

本来，张瑞敏只是希望杨绵绵去了解一下情况，换作别人或许就会走走过场，或者干脆交给手下去做。毕竟，如果对冰箱的制作一无所知，哪能那么快就成为这个领域的专家？何况，自己是管理者，具体的研发完全可以交给技术人员去做。

但杨绵绵却不这么想，既然决定转产做冰箱，那自己就得成为这方面的专家不可，不这样做，怎么抓好管理？所以，她不仅自己买书看，还亲自去拜访专家，了解冰箱的制作原理，甚至自己去画图设计。正是凭借着这股要做就做到最好的劲头儿，才有了今天的海尔。可以说，如果没有当年杨绵绵那种超乎寻常的努力钻研，就没有海尔后来那么迅速的发展。

杨绵绵用自己的经历给管理者们上了一堂生动的职业课：在工作中，只有走在员工们的前面，成为员工们的榜样，才会成为优秀的管理者。

想在公司有所作为，就必须带领员工解决企业发展过程中遇到的各种问题。如何解决问题，除了有想干的意愿、能干的资质外，还要有实干的魄力。

曾经有这样一个濒于"脑死亡"的小厂。新来的厂长修涞贵要召开全厂工人大会，到下午人才陆陆续续到齐。新厂长带来了上级领导的关心，"医药局的领导很关心大家，希望这个厂能够很快地扭亏为盈，给大家发工资，让大家有饭吃。"大家只是静静地望着他，没什么反应。他又继续说，"如果完不成，我就把我这后半生扔在这儿，跟大伙一块儿受苦、受穷……"

不管修涞贵说什么，下面始终没有掌声，也没有喝彩。这种近乎麻木的反应，已经在无言地回答他：这已是一个彻底瘫痪了的厂子。

彻底瘫痪了又能怎样呢？只有一个字——干。修涞贵不仅带头多干，并且把结果干实。

那时，营销上大家都用广告来打市场，一天、两天、十天、三十天，要求广告支持的呼声一浪高过一浪。修涞贵的答复是：没有广告，继续坚持！

时间是对每个人的最大考验，三个月过去了，还是没有广告支持，一部分人已经熬不住了，纷纷离开。

那时，修涞贵也已经认定，和这批充满活力但又急于赚快钱、挣大钱的年轻人"分手"在所难免。但是，做市场就是要踏踏实实，靠广告轰炸起来的市场是泡沫，一捅就破。反之，越没有广告的支持，打下来的市场才越坚实，越是经过大浪淘沙下来的营销队伍，才越能在未来打硬仗，越能决胜于未来的市场。

经过半年多的整合，人员大体稳定了下来，各地区市场纷纷回款。修涞贵审时度势，认为用广告推动销售的时机已经成熟。这时，才有了后来家喻户晓的斯达舒广告，销量开始实现几倍、几十倍的增长。当年那个小厂彻底翻身了，并以1876%的速度高速成长。

面对问题的时候，再多的感慨也无济于事，实干的管理者，凭着一股"一定把工作做好"的劲头儿，会高质量、高效率地带领员工完成工作。许多问题不是轻而易举就可以解决的，当遇到难题时，是临阵退缩还是主动查找原因、寻求解决问题的办法？优秀的管理者选择后者，只要你肯行动，总能找到解决问题的办法。

管理者的形象在下属这里产生折射反应，会产生极好的效果。作为管理者，真正做到以身作则，才能成为下属在工作中的一个榜样。从来"强将手下无弱兵",你有真实力,你有切实的行动,就能形成榜样的力量,带领下属一起前进。

要做到以一当十

"以一当十"的概念来源于《史记·项羽本纪》。"楚战士无不以一当十,楚兵呼声动天,诸侯军无不人人惴恐。"公元前208年,赵王歇被秦将王离率20万人围困在巨鹿,无奈之下向诸侯求援。项羽奉楚怀王之命率楚军主力3万人渡河,下令全军将士破釜沉舟,每人只携带三天的干粮,以示决一死战的决心。破釜沉舟的勇气极大地鼓舞了将士们的士气,楚军个个以一当十,奋勇死战,九战九捷,大败秦军。这就是历史上著名的"巨鹿之战"。3万楚军之所以能击败20万秦军,是因为项羽激发了楚军的战斗力,楚军个个具备以一当十的战斗力。

在战争中需要七兵以--当十,同样,团队中优秀的管理者也需要以一当十。在这个竞争时代,末位淘汰已经成为普世原则,要么做到最好,要么就出局。职场如战场,不具备以一当十的能力,很有可能面临被淘汰出局的命运。

事实上,整个世界都是竞技场,每个人从出生那天起,就参与比赛中了。比学习成绩,比工作成果,比事业成就,比家庭幸福……成功的人,总是那些永争一流的人。

国际商用机器公司的第二任总裁小沃森,是一个不甘平庸的人。大学时他不喜欢那些枯燥的课本知识,成绩很差,以至于不得不多次转学。他的父亲有一家从事打孔机事业的公司，他不得不继承了父亲的公司。当他敏锐地感觉到电脑的发展前景时，他毅然将父亲奋斗一生的打孔机事业转向了电脑，从而造就了IBM这个蓝色巨人。他豪迈地宣称：无论是一大步，还是一小步，总是带动世界的进步。

正是不甘于平庸成就了小沃森的辉煌人生。永远不要有满足的感觉，要忘掉已经取得的成绩，一切都要朝着队伍的最前方看。满足现状意味着退步。一个人如果从来不为更高的目标努力的话，就永远都无法超越自己，永远只能停留在自己原来的水平上，甚至还会倒退。

唯有真正做到以一当十，才能让自己成为团队的灵魂，带领团队在竞争中取得先机。要成为以一当十的领导，就要打造自己的"金刚钻"。如何打造自己的"金刚钻"，对于管理者而言，最基本的就是要提升业务能力。

全国劳动模范窦铁成只有初中学历，但他凭着自己的努力，最终成长为新时期中国的"金牌员工"，向人们展示了他的超强战斗力。窦铁成这个名字对于很多人来说并不陌生，他被认为是现代产业工人的楷模。

在铁路电气和变配电施工的技术方面，窦铁成是"问题终端解决机"。有技术难题，大家只要拨打老窦的手机号码，难题往往迎刃而解。许多问题，他不需要去现场，只要听人讲解大概情况，就能很快找出"症结"所在。

窦铁成能练成这样出神入化的技术本领，与他的努力刻苦是分不开的。他文化基础很薄，却自学掌握了大量电力学知识。60余本、百余万字的工作学习日记，是他孜孜不倦学习的见证。而从一个普通的电工成长为高级技师，其间付出了多少努力，也许只有窦铁成自己才清楚。

在工作中，窦铁成更以实际行动证明了他的卓越战斗力。由他负责安装的45个铁路变配电所，全部一次性验收通过，一次送电成功，全部获得"优质工程"称号。参加工作30年间，他提出实施设计变更6次，解决技术难题52个，排除送电运行故障310次，为企业挽回经济损失及节约成本1380万元。

要成功、要做出骄人的成绩，要成就事业、创造财富，就必须最大限度地发挥自己的才能，使出全部力量，尽最大努力把事情做好。只有这样，管理者才能形成以一当十的战斗力。

永争一流，总是站在队伍的最前面，从根本上说，是自身不断进步、不断进取的过程，更是重塑自我的过程。当运动员尝试跳得更高一点儿时，他们实际上就是要重新塑造自我。这个新的自我所处的位置更高，必将有更杰出的工作表现。

让自己"不可替代"

企业有企业的品牌，产品有产品的品牌，那么，个人有品牌吗？当然有！我们经常听说某某能力出众、很得人心等，这就是个人的品牌。事实上，不只是企业、产品需要建立品牌，个人品牌同样是一个人宝贵的无形资产，其价值甚至高于一个人的有形资产，是无法估量的。

著名篮球运动员姚明因球技精湛而被选入NBA（美国篮球职业联赛）2003年全明星首发阵容，为休斯敦火箭队带来了空前的商机和人气。火箭队在姚明身上获得了巨大利益。姚明在NBA的生涯中，个人实际收入达到或超过18亿美元，相当于6万工人一年的工业增加值。若用于投资，可创造5万多个就业机会，而围绕姚明的产业开发，超过11亿美元。这里讲的就是个人品牌的价值。

建立个人品牌，是每个团队领导者都应有的职业追求，同时也是立身之本。个人品牌将为你贴上"卓越"的标签。个人品牌知名度越高，给团队带来的凝聚力就越强。

作为团队的领头人，必须让自己表现得不可替代，才能成为下属心目中最重要的人，愿意时刻跟随。

电影《青春制造》是根据王洪军的真实故事改编的。王洪军是谁？他是中国一汽大众汽车有限公司的高级技工，他和车间里的普通工人没什么两样。的确，王洪军身材不高，貌不惊人，他参加工作10多年，一直在一汽大众焊装车间一线工作。然而，就是这样一位普普通通的工人，却有令人想不到的一番作为。

王洪军1990年毕业于一汽技工学校，毕业后在一汽大众焊装车间做钣金整修工。钣金整修工作技术含量非常高，最初，公司的钣金整修主要由4个德国专家负责，中方员工打下手，递递工具，干点小活。王洪军一边打下手，一边练"手"。他跑图书馆翻阅相关资料，到书店买专业书，自学热处理、机械制图、金属工艺等专业知识，对照书本反复操练。经过几个月苦练，终于修好了一台车。经检测，钢板厚度、结构尺寸等方面完全符合标准。王洪军琢磨自己做工具，先后制作了Z型钩、T型钩、打板、多功能拔坑器等整修工具40多种、2000多件，满足了各种车型各类缺陷的修复要求。王洪军在发明制作工具的同时，着手总结快捷有效的钣金整修方法，创造出了47项、123种非常实用又简捷的轿车车身钣金整修方法——"王洪军轿车表面快速修复法"。

可以说，王洪军在平凡的岗位上做出了不平凡的成绩，而这不平凡的成绩来自他认真负责的精神。

很显然，王洪军用他卓越的表现为自己树立了个人品牌，他也成为带动团队发展的关键力量。作为团队的掌舵人，为了让自己成为团队的顶梁柱，就要努力提升自己的价值，使自己成为那个不可或缺的人。我们在平时工作之余，不妨问问自己："我是不是不可或缺的人？在这个团队里我有什么安身立命的资本？"如果回答不是特别肯定的话，那我们就要加油，赶快给自己充电、回炉，赶快成为团队中不可替代的人。

作为管理者，一定要让自己不可替代，只有具备了精湛的专业技能、独具特色的工作风格和高尚的人品，团队成员才会不离不弃，那样就一定能带领团队不断向前跨越。

第四章

树立威信：
让员工心悦诚服地跟随

权威是每个领导必不可少的法宝

如果一直以来，员工都不听你的，或跳槽、或罢工、或怠工，尽管你想尽了办法，但你在团队中的地位始终可有可无，团队的运营效率也一直不见提升，那么作为管理者你就必须反省自己的权威哪里去了。

管理权威不是依靠组织权力产生的，是管理者的思想、行为实践在团队成员的心中得到认知、接受，并且转化为成员自我思想与行为体现的生存力与竞争力。

中国当代的企业管理者，权威式的管理模式必不可少，在对下属下命令时，下属必须"无违"自己的一切意见，这样才能建立团队的管理基础。权威是企业和团队的神经中枢，规则是权威的一种具体表现。只有让每个成员有尊重权威的意识，并依照权威的规则办事，才能有利于任务的执行和管理工作的进展。

管理者要带领好自己的团队，就要在员工心中树立权威。这种权威不仅仅来自职位本身的权力，有时候也来源于管理者自身的魅力，有时候它比职位权力更重要。拿破仑发动"百日政变"，不发一枪一弹就夺回了法国。这对于别人是不可思议的事情，可拿破仑却做到了，原因之一就是他在士兵心中具有崇高的威望。

领导权威对管理者而言，具有十分重要的作用。它是每个组织实施统御的必备条件，是领导者身上的无形光环，是领导者力量的化身，也是成就事业的基础。管理者如果没有威望，组织就不会有一致的行动，最终会使其走向衰亡。

员工听你的，不管你在与不在都能够把你的决策或命令落实到位，说明你具有实实在在的权威；若员工表面听你的但实际上不听你的，你在的时候个个好像都表现得很好，可是当你离开后就不一样了，这说明你的权威只停留在表面，员工只是害怕你的权力而暂时听你的。更可怕的是，有的员工表面上听你的话，你在的时候唯命是从，你一离开就来了180°的转弯，而且还在背后说你的不是，这说明你在员工心中完全没有威望。

一个利用职权来行使管理权的管理者，只会让下属行动上服从；而一个靠自身威望来行使管理权的管理者，会让下属心服口服地服从管理，达到良好的管理效果。可以说，威望能比权力达到更好的管理效果。

聪明的管理者，都会想方设法建立权威，从而最终收到事半功倍的管理效果。作为管理者，能够发号施令使下属依己之意行事，而下属也言听计从，这当然是一件好事，但能够立权树威却不是一件简单的事情，必须从小事做起，在管理工作中注意细微小事，从点滴之中树立自己的权威。

当然，树立权威并不意味着管理者要终日板着脸，作为下属还是希望多看到一些上司的笑脸。实际上，这并不矛盾。在日常的工作中多给下属"温情管理"，给下属家庭般的情感安抚，才能让他们对团队和企业产生更多的依赖感和归属感，培养他们对团队的忠诚度。

权威能确保团队的正常运行，平衡好职位和威望，并将二者有效运用于管理之中，你的行为与思想的影响力就能够造就一支战无不胜的队伍。

适时地表明"我是领导"

作为团队的管理者，如果具备威严感，就能带给下属一种威慑力。管理者可以态度温和，可以在非工作场合与下属打成一片，但你一声令下之时，要让下属表现出令行禁止的态度。

做到这些，需要在平时以严格的规定来约束下属，适时地表明"我才是领导"，以威慑力来给下属施加影响。在中国历史上，不少皇帝都深谙此道，让臣子明白自己才是君主，以维护其统治的威严。

在宋朝以前，上朝时宰相是有座位的。宰相上朝没有座位，据说始于宋太祖赵匡胤。有的说法是赵匡胤陈桥兵变、黄袍加身、正式登基的第二天,从后周继承下来的宰相范质上朝奏事,开始还坐着讲,正讲着,赵匡胤突然打断他说:"你先不用讲了,把文稿拿给我看看。"范质遂起身把文稿捧给他看,赵匡胤说:"我老眼昏花,你再拿近一点。"范质就又凑近了一点。等皇帝看完了,范质再想坐下,却发现椅子已经没了。

原来趁范质站起来的时候,皇帝悄悄让宦官把椅子搬走了。范质没有办法,只好站着。从此以后,宰相上殿就再也没了座位。

雍正二年四月,雍正皇帝因平定青海一事受百官朝贺。刑部员外郎李建勋、罗植二人君前失礼,被言官弹劾,属大不敬,依律应该斩首。雍正说:"大喜的日子,先寄下这两人的脑袋。后面的仪式,再有人出错,就杀了他们。那时候,可别说是朕要杀人,而是不守规矩的人要杀他们。"也就是说,这两个人死不死,取决于别人犯不犯错误,而犯错误的人不但自己要受处分,还要承担害死别人的责任。

雍正皇帝通过借题发挥,给下属以颜色,树立起了自己的威严,达到震慑下属的目的。

一般情况下,领导给我们的形象就是要做到令出必行、指挥若定,必须保持一定的威严,这就是"王者风范"。道理很简单,在管理者与下属关系上,没有令对方与下属感到畏惧的震慑力,是不容易行使职责的。只有一张和蔼的脸、一番美丽动听的言辞,有时起的恰恰是反作用。

当然，威严不是恶言相对，破口大骂，整日板着面孔训人。而是要在工作时对下属说一不二，发现了下属的差错，绝不姑息，立即指出，限时纠正，不允许讨价还价。只有让下属产生敬畏之心，才会使你驾驭领导的风范，在万马千军冲锋陷阵的激烈竞争中游刃有余。

在当今世界摩托车、赛车和汽车的王国里，有一个如雷贯耳的名字，他就是本田车系的创始人——本田宗一郎。本田对日本汽车和摩托车工业的发展做了贡献，先后获得日本天皇颁发的"一等瑞宝勋章"，获得美国底特律汽车殿堂"悬挂肖像及光荣事迹"的殊荣。

本田宗一郎之所以有如此辉煌的成就，和他持有的处世原则——铁面无私是分不开的。但是，虽然备受下属敬重，本田宗一郎却并不是一个睁一只眼、闭一只眼的老好人。本田公司的技术干部都曾受过本田的严格训练。如果他们不注意，违背了本田的方针，那就会随时遭遇一场暴风雨的袭击。前董事长杉浦任技术研究所所长的时候，在其部下面前被本田揍了一顿，本田很有做事原则。

一天，杉浦正在办公室工作，突然一位部下通知他说董事长找他。杉浦急忙赶到本田那里，以为有什么好差事要指派给他。本田二话不说，出乎意料伸出右手，打了杉浦一巴掌。杉浦不知何故，忙问："董事长，到底出了什么事？"

"谁叫他们这样马虎地设计？是你吧！"杉浦还没来得及开

口为自己辩护，又挨了本田一巴掌。杉浦很气愤，"董事长，您怎么不听解释就动手打人？"他心想，设计问题，自己固然有责任，但自己是有1000名部下的研究所所长，至少有一点权威，没必要当众受羞辱，如此一来以后在部下面前如何立足。于是他想辞掉这个职务。

杉浦正要提出辞职的时候，猛然发现本田的双眼湿润——他有些怀疑，难道董事长也会自责？还是恨铁不成钢？似乎都有。杉浦顿时领悟到，董事长是诚心诚意要帮助他，哪怕一个零件也不能粗心大意，必须严谨、认真、细致，防止任何差错的出现，否则，不可能生产出顾客信赖的商品。这是董事长的"机会教育法"，打他是为了要大家了解技术、质量的重要性。一想到这儿，杉浦的怨恨情绪也烟消云散了，于是对本田说："对不起，我错了！我要好好改过……"

"我也有错，不该随便打人。"本田脸上现出坦率的歉疚，并拍拍杉浦的肩膀。

本田利用王者风范，既保护了自己的形象与威严，又教育了下属，更主要的是挽救了公司的声誉与利益。

领导要保持自己的威严，最重要的就是给自己找好定位，不能靠下属太近也不能太远。过于亲密就可能淹没你的职位，过于疏远则可能让人不敢靠近。对下属软硬兼施，打一打，拉一拉，让下属忠心为领导服务，共创效益。

适时表明自己才是领导，不和下属靠得太近，你个人的威信才有可能提升。

不要无原则地过分亲密

管理学中有这样一则寓言：

曾经有两只困倦的刺猬，由于寒冷而挤在一起。因为各自身上都长着刺，它们离开了一段距离，但又冷得受不了，于是又凑到一起。几经折腾，两只刺猬终于找到了一个合适的距离，既能互相获得对方的温暖又不至于被扎。

"刺猬法则"就是人际交往中的"心理距离效应"。领导者要搞好工作，应该与下属保持亲密关系，这样做可以获得下属的尊重。但也要与下属保持心理距离，以避免下属之间的嫉妒和紧张，这样可以减少下属对自己的恭维、奉承、送礼、行贿等行为，防止在工作中丧失原则。

孔子曾说："临之一庄，则敬。"意思是说管理者不要和下属过分亲密，要保持一定的距离，给下属一个庄重的面孔，这样才可以获得他们的尊敬。有些管理者认为，越平易近人，越能和下属打成一片，赢得下属的尊敬。但结果却往往正相反。

有些管理者认为，与下属打成一片、称兄道弟，这种融洽的关系最好。这种想法不仅是错误的，而且是可笑的。在管理方面，管理者必须树立权威，如果在工作中还是"兄弟"，一定会影响到工作效果。

如果你是个管理者，你可以反思一下：你是否想要把下属团结成你的"哥们"?你是否对某一位知心的下属无话不谈?你的下属是否当着其他人的面与你称兄道弟?如果上述几种情况已经在你身上出现,那么就应该引起你的警惕了,你需要立即采取行动,与你的下属保持一定的距离。

"近则庸,疏则威",与下属保持一定的距离,可以树立并维护领导者的权威。适度的距离对管理者是有益的。即使你再民主,再平易近人,也需要有一定的威严。

"仆人眼里无伟人",这是法国历史上的伟人戴高乐的一句名言。所谓伟人,他的一点一滴,甚至每个毛孔都呈现在你眼前时,你不仅会发现他只是个凡人,而且你会发现他也有那么多不为人所知的缺点。

你可以是下属事业上的伙伴、工作上的朋友,但你千万不要成为他的哥们。当众与下属称兄道弟只能降低你的威信,使人觉得你与他的关系已不再是上下级的关系,于是其他下属也开始不把你的命令当一回事。

领导者与下属保持一定的距离才能树立威严。适度的距离对于领导者管理工作的开展是有好处的。

一位男领导,家离一位女下属的家比较近。有时为了工作上的事,他就到女下属的家里去谈。虽然谈的都是工作上的事,但时间一长,在单位里竟然有风言风语传出来。

不知不觉间,风言风语竟然传到男领导的夫人和女下属的丈夫耳朵中。这两人的后院不约而同地"起火"了,而坏事传千里,后院起火的消息又传到单位。一时间,单位里各种谣传四起,两人在单位成了人人议论的对象。

这位男领导为了表明自己的清白,开始主动疏远这位女下属,甚至刻意不交给她重要的工作。最后,这位女下属只好自己打报告调到另一家单位。

在这一事例中,男领导不注意保持适当的上下级距离,结果使得自己和下属都受到了不应有的伤害。

管理者要明白,领导者与下属等级还是有区别的,扮演的角色更是截然不同。作为一名上级,最不讨好的事情就是纠正下属的行为,尤其是在工作进展不顺利时。如果你一方面想当下属的好朋友,另一方面又想当好管理者,同时想扮好这两个角色只会让你吃力不讨好。你的下属会对你的"两面派"行为怀恨在心,而你的上司则会怪你办事不力,你只好两头受气。

俗话说得好,距离产生美。作为管理者,必须摆正自己的位置。与下属保持适当的距离,不即不离,亲疏有度。

无私才能扬威

管理者在管理活动中,如果处理各种各样的事情时有一点儿不公正,就会影响到团队的团结,也直接反映了管理者的管理水平,影响管理者的自身形象。

《吕氏春秋》中曾记载了这样一个故事。晋平公要祁黄羊推荐南阳县令的人选,祁黄羊推荐自己的仇人解狐。这让晋平公十分不解，以为他在搞什么花样，便把祁黄羊召过来，责问其真实意图。祁黄羊回答道："国君，您只是问我谁可以担当这个职位，并不是问我的仇人是谁。"晋平公觉得他说得很有道理，便用了解狐当县令，举国上下都很称赞这个任命。不久后，晋平公又问祁黄羊谁可以担任太尉一职，祁黄羊这次推荐了他自己的儿子祁午。平公一听，又觉得不解，认为他在贪私心，立即询问他为何会推荐自己的儿子，祁黄羊回答："您只是问我谁可以担任太尉一职，并不是问谁是我儿子。"晋平公很满意祁黄羊的回答，于是派祁午当了太尉，后来祁午果然成了公正执法的好太尉。

孔子听说这个故事后称赞说："好极了！祁黄羊推荐人才，对别人不计较私人仇怨，对自己不排斥亲生儿子，真是大公无私啊！"

后来，人们就用"大公无私"这个成语，形容完全为集体利益着想，没有一点私心，也可以指处理事情公正，不偏向任何一方。

作为管理者，应该向祁黄羊学习，千万不要因为某人和你不熟就不重用他，更不可根据私人交情是否深厚来判断要不要重用一个人，一旦私心作祟，往往就会落人口实，影响自己的声誉和公信力。

每个管理者在自己的岗位上，都希望能对下属公平、公正、无私无畏。公平、无私是管理的一个要诀，无私才能扬威、才能使自己在下属中树权立威，这个问题单靠理论说明是无法弄明白的，下面举一实例说明。

稻盛和夫在日本鹿儿岛出生，后来在东京创业，老家的亲朋好友听说稻盛和夫创业后，有不少来投奔他。亲戚投奔他，他当然也不好拒绝，不过给他们的待遇和其他工人一样，并无任何优待。

有一次，稻盛和夫的外甥来投奔他，稻盛和夫给安排了工作。这个年轻人整日趾高气扬，他的傲慢气焰引得周围的不少人颇多微词。最后，竟逼得不少员工离职。

稻盛和夫一时间并没有注意到公司内部的异动。直到有一次，他见到副社长一脸愁容，于是问起工厂内部的管理情况。副社长在他的一再追问下，说起了他外甥的所作所为，他听后十分生气。

第二天，稻盛和夫在公司大会上严厉批评了自己的外甥，最终依照公司的规章制度将其开除。他还到离职员工家中拜访，请他们重新回到公司。

后来，稻盛和夫的父亲打电话斥责他，他亲自向父母做出解释，最终消除了来自家庭的压力。此后，在稻盛和夫的公司里，员工真心实意为他卖命，稻盛和夫在员工心目中的权威更高。

如果团队制定规章制度，用制度说话，于人于己都一样，让下属心悦诚服，这样树立领导者权威才能立竿见影。

领导者不能徇私情，尤其是与一些走得近的下属之间，即使交情很好也要遵守规矩办事，因为群众都在盯着看。如果你对任何人都秉公办事的话，别人也挑不出理来，反而会敬佩你。

对于私心，很多管理者还存在误解，认为只要不贪污、不受贿、不走后门，就可称得上没有私心。其实，私心往往存在于无形中，不易察觉，当领导者自以为公正的时候，自私的念头已悄然萌生。

为了树立自己负责、公正的形象，管理者必须保持高度警惕，在团队领导上多做周全考虑。每当做出一项重大决策时，不妨扪心自问，是否有私情的成分包含在里面？是否符合团队内大多数的利益？是否为了工作效益最大化？是否能够获得团队成员的一致认同？把这些问题想清楚了，做任何决定都不会引来指责与非议。

"心底无私天地宽"，这是领导者重要的品质表现。只有领导者具有巨大的影响力，我们的事业才会有顺利、成功的保障；而这影响力来源于正气、正义和正派的作风。

以恰当的距离对待下属

管理者一定要给下属一种公平合理的印象，对待每个人都要客观、公正，让大家觉得机会均等、人人平等，这样他们才会积极主动地做事。成功者戒骄戒躁、精益求精，后进者不断上进、积极追赶，只有形成这样一种氛围，才能进行有效的管理。

管理者在处理与下属的关系时，要一视同仁、不分亲疏，不能因外界或个人情绪的影响而表现得时冷时热。有些管理者虽无厚此薄彼之意，但在实际工作中难免愿意接近与自己爱好相似、脾气相似的下属，无形中冷落了另一部分下属。因此，管理者要适当地调整情绪，增加和自己性格爱好不同的下属的交往，尤其对那些曾反对过自己的下属，更需要经常交流感情，防止造成不必要的误会和隔阂。

有的管理者对工作能力强的下属，亲密度能够一如既往；而对工作能力较弱或话不投机的下属，亲密度就不能持久，甚至冷眼相看，这样关系就会逐渐疏远。有一种倾向值得注意：有的管理者把同下属建立亲密无间的感情和迁就照顾等同起来。对下属的一些不合理，甚至无理要求也一味迁就，以感情代替原则。这样做，从长远和实质上看是把下属引入了一个误区。而且用放弃原则来维持同下属的感情，虽然一时起作用，但时间一长，"感情大厦"就会倾覆。

保持管理者的权威，距离上的问题不可轻视，它是一个至关重要的因素。合适的距离可分为以下3种。

1. 远距离透析

所谓远距离透析，就是在广泛接触交往的基础上，利用辩证唯物的观点看待一个人，是源于接触又高于接触，透过交往来看其本质。这就是说，要全面、辩证、实质地观察、衡量、看待一个人。所谓"全面"，就是不仅要看到一个人的现处地位或社会氛围的表现，而且要看其作为一个普通人的政治品行、性格修养、处世态度及一贯作风；不仅要有个别分析个人的所思所想、所作所为，而且要进行一般透视，透析单个人在团队群体中的表现状况，特别是在群众当中，在"八小时以外"的威望和评价。

每个人的生活经历、成长过程各有曲直，客观地掌握评价一个人在过去历程中的成败得失，特别是在重大历史事件、骤起的政治风波以及人事变故面前所表现的政治立场、政治信念、政治鉴别力以及处理问题的方法和能力，是非常有必要的。透过现象深入本质，剖析一个人的价值取向直至内心世界。我们不但要听其言，还要观其行；不但要明其心，还要见其实。总之，进行远距离观照，可以避免主观因素的掺和，因个人好恶丧失原则，凭一时一事成败对错分良莠。

2. 零距离交流

交流是尊重人格、平等待人、消除隔阂、增进友谊、相互启迪、达成共识的一把钥匙，也是管理者了解下属、掌握主动的一种方法。因此，管理者必须学会、善用这一"专利"，做到言尽心至，不留缝隙。既然是交流，就应当平等相待、倾心相交，没必要遮遮掩掩、心存戒备。这就是所谓零距离。

3. 等距离沟通

管理者不应以自己的主观意见判断人和事。提倡等距离沟通，就要求管理者要广泛而平等地与下属沟通，从而寻找更大范围的沟通空间，求得更大程度的理解和拥护，形成以团队管理者为圆心，以与各下属平等沟通为半径的一个圆。否则，只能形成以管理者和个别人为点的一条线或几条线。只有等距离沟通，才能广泛做好管理者的本职工作，树立自己不容侵犯的威信。

管理者的权威通过等距离沟通而增强，就必须变被动为主动，变等下属沟通为主动与下属沟通，让下属想跟你沟通、愿跟你沟通、敢跟你沟通；等距离沟通，就必须不分亲疏，广开言路，开门纳谏；等距离沟通，还必须深入团队中的每名成员，了解其最基本、最迫切的需求。

有威信和凝聚力才有竞争力

对企业而言，一个个人才就像一颗颗晶莹圆润的珍珠，企业不但要把最大最好的珍珠买回来，而且要有自己的"一条线"，能够把这一颗颗零散的珍珠串起来，串成一条精美的项链。

有人问一位成功的企业家，在21世纪的企业经营中，最具竞争力的东西是什么？企业家毫不犹豫地说：凝聚力！为什么说凝聚力是新时期最具竞争力的东西呢？因为这是一个追求个人价值与团队绩效双赢的时代。

如果没有凝聚力，不但个人的价值无法在团队中得到实现，整个企业也将难以为继，并呈现出低效率的现象。几乎每个倒下去的企业最后的状态都是人心涣散，威信全无。不但产品销售不出去，银行的贷款也无法获得。虽说这种可怕的现象并不是一朝一夕形成的，但凝聚力的缺乏却是加速企业衰亡的主要原因。

相反，一个凝聚力高的团队往往会呈现这样的特征：团队成员归属感强，做事认真并不断有创新行为，愿意参加团队活动并承担团队工作中的相关责任,维护团队利益和荣誉;成员之间沟通信息快,关系和谐,并具有极强的民主气氛。

阿姆科公司是一家从事钢铁行业的企业,在钢铁业逐渐成为"夕阳工业"以后,它的日子变得很不好过。对此,该公司的老板吉姆·威尔有过很深刻的体会。他认为,要想扭转这种局面就必须增强员工间的凝聚力。

在这种情形下,威尔开始进行根本性的改革以挽救公司。他的一项最重要的举措就是:"非把每个人都拉来战斗不可"。这不是一句宣传性的战斗口号,而是威尔在整治企业的过程中切身体会到的最紧迫问题。有一次他把心理学家请进公司,派他们到业绩最好的工厂去,请他们找出工厂里实现成功的真正带头人,弄清成绩应归功于谁。结果令他惊奇的是,心理学家们回来竟说:"工厂里没有带头人。"

威尔不信:"什么,在我们最赚钱的为顾客服务最出色的工厂里竟然没有带头人?"

心理学家们说:"对。工厂里有我们前所未见的最佳团队。所有的人都在互相合作。每个人都把功劳归于别人。没有整个团队什么也干不成。"

可见,一个业绩最好的工厂,也是一个凝聚力最高的地方。在这种环境中,大家都怀抱着相互合作的意识和心态,认识到合作的价值和意义,也知道唯有合作才能实现共赢,不合作大家都将遭受损失。并且每个成员都甘于为集体、为团队的共同目标和愿景放弃自我，全身心地投入并奉献自己的聪明才智。

是的，他们之中没有谁是做得最好的，也无须带头人，团队的胜利就是他们大家的胜利，团队的光荣就是他们大家的光荣。

其实，团队的凝聚力所强调的并不是追求大同，抹杀差异，而是要有一个核心，并围绕这个核心，发挥每个部分、每个个体的优势，形成一个和谐统一的整体。正如联想集团的"项链理论"的观点，企业不但要把最大最好的人才珍珠买回来，而且要有自己的"一条线"，能够把这一颗颗零散的人才珍珠串起来，串成一条精美的项链。如果没有这条线，珍珠再大、再多，都只是一盘散沙，它们起的作用不过是匹夫之勇。那么，这条线是什么呢？就是能把众多人才珍珠凝聚在一起，步调一致，为了共同目标而奋发向上的团队精神。

现在许多组织特别是一些大企业都在极力提倡执行力，有关执行力的书籍也汗牛充栋。殊不知，一个企业中执行力好不好，不是取决于你给员工定了多少规章制度，而是取决于你这个企业有没有凝聚力。没有凝聚力的企业，无论老板多有能耐，无论员工有多么优秀，也无法不折不扣地将上级安排的任务执行下去。

因为没有执行只是一个逻辑原理，没有凝聚力才是执行难的根本原因。拉里·博西迪和拉姆·查兰在他们的畅销书《执行》

的一开始，讲述了一位CEO所遭受的挫折。

这位CEO在一年前从各部门抽调人员，组成了一个项目组。他们举行了两次会议，建立了工作标准，并制定了一套完整的规章制度。麦肯锡也来帮助他们。每个人都对这项战略表示认可，认为这是一个伟大的战略，而且市场前景也不错。

这个项目组由各个部门的专家和精英组成，完全可以说是这个行业最出色的团队。他们分配了阶段性指标，并向每个人放权——给予他们足够的空间施展拳脚，每个人都知道自己的任务所在。他们的激励系统也非常清晰，每个人也都了解详细的奖惩标准。工作的时候，他们充满力量，信心十足，但他们总搞不懂，自己为什么会失败。

一年过去了，他们的各项目标都没有实现，让这位CEO极其失望和迷茫。在过去的九月里，他被迫四次降低了收益估计。华尔街也不相信他们了，董事会也对他们失去了信心。他不知道该怎么办，而且也不清楚情况到底会糟糕到什么程度。

这位CEO坦白地说："我估计董事会很可能会解雇我。"几个星期后，董事会果然把他解雇了。书中，作者把这个团队的失败归结为执行的问题。站在这位CEO本人素质的角度，是的，他缺乏执行力，这是该书的观点。但是，如果我们换一个角度去分析他们失败的原因，看看又会得到什么样的结论：

1. 在他们所组建的这个团队中，不能说人才不优秀。所有的成员都是由各个部门的专家和精英组成的。

2.在这个团队中,不能说他们没有共同的目标和愿景。从一开始,他们就制定了相关的发展计划与战略目标。

3.在这个团队中,也不能说没有给相关的成员发展空间,从上面的事例中,我们可以看出,他们分配了阶段性指标,并向每个人放权——给予他们足够的空间施展拳脚,每个人都知道自己的任务所在。

然而,令人奇怪的是,这样一个有着优秀的团队成员、有着共同的目标和愿景、有着良好的发展空间的团队,最后却无可奈何地以失败而告终。其症结又在什么地方呢?就在于他们没有形成一股凝聚力。因为即使是最好的团队成员,最好的战略目标,最好的发展空间,如果没有凝聚力这种黏合剂,也无法将这些最好的东西粘到一块,更别说获得共同的成功了。

第五章

懂得分享：
分享利益才能创造更多利益

与成员分享成果

先讲个故事吧。有个人在天使的带领下去参观天堂和地狱。他发现地狱里的人都围着大桌子吃饭,每个人手上都绑着一把柄很长的勺子,尽管餐桌丰盛,勺子里面盛满了食物,他们却因为勺柄太长吃不到自己的嘴里,一个个饿得面黄肌瘦,痛苦不堪。天使又带他来到天堂。他看到在天堂里同样有一群手上绑着长柄勺子的人在同样的桌子上吃饭,与地狱不同的是,这里的每个人都红光满面、精神焕发——因为他们用自己手上的勺子喂对面的人吃饭,大家都能够吃饱。

各顾自己还是分享互馈,"地狱"与"天堂"只有一念之差。分享与协同是团队成员团结和信任的纽带,只有在团队中建立分享的原则,与他人共享资源和机会,才能建立起这条强有力的纽带。

构建团队也是如此，管理者首先要学会与他人分享，才能更好地合作。分享是合作的基础，不愿舍而只想取的管理者是自私的，没人愿意与这样的人共事。很多管理者身边有着丰富的资源，但他们不愿意拿出来与员工分享，这样的领导不会赢得员工的拥戴。

假如团队领导者是个喜欢独占功劳的人，相信他的员工也不会为他卖力。反之，如果团队领导者乐于和员工分享成功的荣耀，员工做事也会分外卖力，希望下次也一样成功。所以团队领导者正确的做法是与员工分享功劳，分享成功的幸福和喜悦。每个人做事都希望得到肯定，即使工作不成功，但毕竟是卖了力，谁也不希望被人忽视。一个人的工作得不到肯定，他的自信心必然会受到打击，所以作为主管，千万不能忽视员工参与的价值。

在所有的分享当中，成果的分享无疑是最激动人心的。一起努力了很久，终于实现了目标，公司获得了收益。与此同时，如果个人的腰包也跟着鼓起来，想必是一件让员工备受鼓舞的事。

管理者要把员工看作企业最重要的财富，而不要把他们看成企业利润的抢夺者。因此，优秀的管理者不仅要让公司富起来，更重要的是让员工也跟着富起来。和员工分享企业发展的成果，以此来调动员工的积极性，从而创造更多的财富，而不是削减员工的利益为企业节省资金。

许多著名的企业都采取了利益分享的措施，企业的利益由员工和企业共同分享。汽车大王福特就在他的公司内部实施了利益分享的制度。

1908年,福特公司制造的T型汽车成为美国最受欢迎的车型,也成为真正属于普通人的汽车。1909年到1914年,福特汽车始终保持着它旺盛的销售形势。福特并没有趁机涨价大赚一笔,而是信守着它的商业宗旨——"薄利多销总比少卖多赚好得多",没有让消费者失望。

在向消费者让利的同时,福特也和他的员工分享企业的成功。福特公司开创了世界工业史上从来没有过的工人报酬方式。

福特主动提出,将工人的工资比原来增加一倍,而且凡年满22岁的工人都可以享受公司利润中的这一份,如果工人有眷属需要供养,即使没有年满22岁也可以享受这一待遇。正是凭借这样的利益分享措施,福特汽车公司使员工得到了极大的激励,提高了工作效率,同时也推动了企业的发展。

团队发展的成果应该惠及每个人,管理者必须具备这样的觉悟,才能够建立和谐的团队关系,推动企业的可持续发展。通过克扣员工利益来增加企业利润的相对量的短视思想,只能让企业停留在一个狭小的发展空间里。

要增加团队成员的凝聚力,管理者一定要学会与成员分享,让每个人都感受到你时刻在为大家考虑,如此,企业才能在市场上占领更为优越的位置。

美国零售大王山姆·沃尔顿在总结自己的成功时说:"和帮

助过我的人一起分享成功是我成功的秘诀。"山姆·沃尔顿认为，与所有员工共享利润是以合作伙伴的方式对待他们，公司和经理通过这种方式，改变了与员工之间那种特定的关系，使得这些员工在与供应商、顾客和经理的互动关系中开始表现得像个合作伙伴。而合作伙伴是被赋予权力的一类人，所以，员工会觉得自己也被赋予了权力，从而以更加认真和积极的态度来看待自己肩上的责任。山姆·沃尔顿说："让员工完全参与公司活动中，从而成功地给他们灌输了一种自豪感，使他们积极参加到目标确立和实现并最终赢得零售胜利的过程中来。"通过与所有员工共享利润以及赋予他们在工作岗位上的权力，山姆赢得了员工极大的忠诚，这也是他创办的沃尔玛如此成功的重要原因。

我们不妨向这些优秀的团队领导者学习，用他们分享的智慧来团结员工。

与团队成员分享劳动成果，有助于增强员工的归属感、荣誉感和自豪感，让每个人都心甘情愿地为团队的发展做出最大的贡献，从而促进团队的发展。

有趣的"糖纸理论"

新东方总裁俞敏洪有个著名的"糖纸理论"，这一理论来自一个他小时候的经历：

俞敏洪小的时候，家里很穷。有一次，他得到两块水果糖，那时，这对于一个农村的小孩子是多么珍贵的宝贝啊。就在这时来了两个小伙伴,他把糖剥开给了他们两个,自己只舔了舔糖纸。

具备这种分享思想源于俞敏洪小时候身体比较弱,怕被别的小朋友欺负,所以他通过这种方式结交了很多朋友。长大后,俞敏洪更是明白了朋友的重要性和"合作"的重要性。他曾和学员们分享他在这方面的心得:

"如果你是在团体里工作,你就必须遵守在一个团体里做人的道理。因为人是群体性的动物,所以必须学会在人群中生活。不管你的个性多么古怪,只要你选择了在办公室上班,在一群人中间工作,你人际关系的好坏就决定了你在一个地方的地位和威望。"

俞敏洪的"糖纸理论"的核心在于"分享",甚至有时候宁可自己吃一点亏也要共享胜利果实。要构建起以自己为核心的团队,管理者一定要先学会分享。

作为管理者,一定要懂得"分"。分什么呢?分名、分利、分荣誉。如果你不懂得分,那你就只能什么都靠自己做,这样的话一来太辛苦,二来你还很难把事情做成。

在生活中,我们可能都有类似的体验,那些愿意与人分享的人才能够得到别人的帮助,与周围的人友好地相处。只有你愿意为别人服务,别人才会为你服务,也只有你为越来越多的人服务,他们才会为你服务,团队才能获得更好的发展。如果你不愿意为别人服务,别人就不愿意为你服务,靠你一个人永远也成就不了事业。

当今，"共赢"和"多赢"已成为人们的共识。我们在经营事业的时候，通过资源整合就可以让彼此的事业做大做强。

一位培训师讲过这样的经历：

"台湾最大的美容美发集团年营业额可达台币7.5万元。一次，这家公司的老板想举办一个顾客回馈活动，请我做演讲。与此同时，另外一家有50多个健身房的健康产业公司，以及有100多家连锁店的房屋中介公司也打算举办类似的活动。

"这三大企业都是拥有很多连锁店的特许经营企业，假如各自举办活动，同样都要支付讲师的出场费和场地的租用费，而来宾也是企业原有的顾客。

"现在，因为这三家公司都是我的客户，经过我的撮合，这个活动由三家联办，场地租用费和讲师出场费由三家分摊，每家只需付出原计划1/3的费用，来宾数量可达原来的三倍，并且不只限于企业的固有顾客。"

这个例子清楚地说明分享资源可以带来多么大的不同：本来是1：1的关系，三家合作就得到九倍的收获。以此类推，如果是四家合作、五家合作，收获就变成十六倍、二十五倍，十家就是一百倍的收获……

在团队管理的过程中，最重要的是人才的整合。天下熙熙，皆为利来；天下攘攘，皆为利往。人才整合的关键在于分享利益。管理者不懂得分享的重要性，不懂得分钱，不舍得分钱，所以总是找不到好的合作伙伴、好的人才，有的人即使找到了好的合作伙伴、好的人才却总是合作不长久，最主要的就是自己的分享心态出了问题。

学会与员工分享

狼是一种善于与种群中的其他成员分享经验的动物。一只幼狼到了能够独立生存的年龄，有经验的狼会教给它捕食的手段和一些生存的技巧，在教会幼狼学习这些技巧的过程中，年长的狼有时候会表现得非常粗暴，对贪玩或不好好学习的幼狼不是凶狠地咆哮，就是龇着牙齿进行恫吓，或者干脆毫不留情地扑过去撕咬，以致把幼狼咬得遍体鳞伤。母狼会在寒冷的冬夜将幼狼赶出温暖的洞穴，让它们自己出去寻找过夜的地方，也会逼迫它们自己出去捕食。幼狼在这种严酷多于温情的打骂教育中一天天长大，它们毛色光洁、四肢粗壮，间或也会合力捕一只猎物了。

母狼对小狼的要求很严格，甚至算得上残酷，但这却是给小狼传授生存经验的最有效的方式。

按照塞顿的说法，野生动物获得生存技能主要通过三种方式：

第一，祖先的经验。以本能的形式呈现出的是与生俱来的技能，是祖祖辈辈经历自然选择和磨难从而在这个种族留下的烙印。在生命的最初阶段，这是至关重要的，因为它从动物出生的那一刻开始就起着引导作用。

第二，动物父母和同类的经验，主要通过示范学习。从动物幼年开始学习奔跑的时候起，这一点就非常重要了。

第三，动物自身的个体经验。随着动物年龄的增长，这点变得越来越重要。

狼群平时就非常注意成员之间的经验交流，一只狼学到了一些知识，就可以通过交流传授给其他狼。而且，狼群非常重视对幼狼的训练，它们有时候会冒着极大的危险为幼狼叼来活着的羊，以训练幼狼的捕食技能。正因为狼注重群体成员之间经验的分享与传承，才使得狼始终保持一种强者的风范，没有丧失自己野性的本能和生存的本领。

学会分享，是聪明的生存之道！这是狼给我们的一大启示，同样，一个人要想获取得更多，也要学会与人分享。

英国著名作家萧伯纳有一句名言："两个人各自拿着一个苹果，互相交换，每人仍然只有一个苹果；两个人各自拥有一个思想，互相交换，每个人就拥有两个思想。"团队中，如果每个成员都能把自己掌握的新知识、新技术、新思想拿出来和其他团队成员分享，互助互利的话，就会产生"1+1>2"的效果。

一位老教授的花园里，鲜花怒放，十分诱人。附近上学的孩子们常常抄近路穿过他的园子，把这些花几乎摘了个精光。一天早晨，当孩子们路过时，一个男孩问教授："我能折一枝花吗？"

"你想要哪枝？"教授问。孩子选了一枝最洁白的郁金香。教授继续说："它是你的花了。如果把它留在这里，会开放许多天。如果现在就把它摘下来，那么只能欣赏几个小时。你说该怎么办呢?"

孩子沉思了片刻,说:"我要把它留在这儿,以后再来看它。"

那天下午,教授又让 12 个孩子停下来挑选他们的花,每个人都同意将他们的花留在花园里直到枯萎。那年春天,他送掉了他的整个花园,却没损失一朵花,还交了许多朋友。

上面的小故事,揭示了这样一个道理:懂得分享是一种智慧。当我们摒弃自私的行为,和别人分享自己的东西时,往往也可以分享别人的东西。生活中也常常如此,你分享给别人的东西越多,你获得的东西就越多。你把幸福分给别人,你获得的幸福也会更多。

很多时候,与人分享自己的拥有,我们才能找到自己的位置和方向。下面的一个小故事,能让我们更深层次地认识到"分享"对于我们的人生意义。

一个夜晚,一位远行寻佛的苦行僧走到一个荒僻的村落中。漆黑的街道上,村民们都在默默地行走。

苦行僧转过一条巷道,他看见有一团昏黄的灯光正从巷道的深处静静地照过来。身旁的一位村民说:"那个盲人过来了。"

苦行僧百思不得其解。一个双目失明的盲人,他没有白天和黑夜的概念,他看不到高山流水,也看不到柳绿桃红,他甚至不知道灯光是什么样子的,这样的人挑一盏灯笼岂不令人觉得可笑?

那灯笼渐渐近了,灯光从深巷照到了僧人的芒鞋上。百思不得其解的僧人问:"敢问施主真的是一位盲者吗?"那挑灯的盲人告诉他:"是的,从踏进这个世界,我就一直双眼混沌。"

僧人问:"既然你什么都看不见,那你为何挑一盏灯笼呢?"盲者说:"现在是黑夜吧?我听说在黑夜里没有灯光的映照,那么满世界的人都和我一样是盲人,所以我就点燃了一盏灯笼。"

僧人若有所悟地说:"这么说,你是在为别人照亮了?"但那盲人却说:"不,我是为自己!""为你自己?"僧人又愣了。

盲者缓缓问僧人道:"你是否因为夜色漆黑而被其他行人碰撞过?"僧人说:"是的,就在刚才,还被两个人不留心碰撞过。"盲人听了说:"但我没有。虽说我是盲人,我什么也看不见,但我挑了这盏灯笼,既为别人照了亮,也让别人看到了我自己,这样,他们就不会因为看不见我而碰撞到我了。"

苦行僧听了,顿有所悟。他仰天长叹说:"我天涯海角奔波着找佛,却没有想到佛就在我的身边啊!"

每个人都有一盏心灯,点亮属于自己的那一盏灯,既能照亮别人,也能照亮自己。文中这位盲者的可贵之处,不仅在于他照亮了自己,更在于他照亮了别人。从分享的角度来说,照亮自己和照亮别人是一枚铜钱的两面,辩证地相互依存着,悟透了其中的含义,你就悟透了生存的至高智慧。

在团队管理中也需要分享。和同事分享最新的行业信息,和合作伙伴分享最全的数据资源……分享,不是泄露商业机密,不是把自己的劳动所得双手奉送给他人,而是互相帮助,共同利用对大家有利的资源,以达到最好的协作效果,获得最大的效益。

同甘与共苦一样重要

共苦易,同甘难。团队刚刚成立的时候,必然要经历一段时期的艰苦过程。然而,很多领导者在成功后只会独自享受成果,不能和当初共苦的人分享胜利果实。一个团队能否有合作精神,通常和该团队领导者的领导风格有很大关系。

我们先看一下曹操"虽胜责己"的故事——领导者最容易犯的毛病就是有功劳归自己、有错误怪员工,但是曹操却不是这样的人。

曹操为了统一北方,决定北上征服塞外的乌桓。这一举动十分危险,所以许多将领纷纷劝阻,但曹操还是率军出击,将乌桓打败,基本完成了统一北方的大业。

班师归来,曹操调查当初有哪些人不同意他北伐的计划。那些提出反对意见的人认为曹操要严惩他们,一个个都十分害怕。不料,曹操却给了他们丰厚的赏赐。大家很奇怪:事实证明劝阻北伐是错误的,可这些人不仅没受到惩罚,怎么反而会得到赏赐呢?

对此,曹操的解释是:"北伐之事,当时确实十分冒险。虽然侥幸打胜了,是天意帮忙,但不可当作正常之举动。各位的劝阻,是出于万全之计,所以要奖赏,我希望大家以后更加敢于表达不同意见。"从那以后,将士们更勇于进言献策,尽心尽力地为他效劳。

事实上，合格的团队领导者总是能够肯定员工的成绩，承担自己的错误。曹操力排众议而且大胜，不仅没有骄傲，还对那些有一定道理的将士给予肯定，这充分体现了曹操整合团队的实力。如果团队领导者都能像曹操这样，还愁团队没有凝聚力和向心力吗？

不少管理者都会犯这样的错误，就是处处强调自己管理者的身份，与下属员工隔离，并把下属的功劳据为己有。这样的领导不能与员工"同甘"，怎么能指望员工与其"共苦"呢？

在某公司的年终晚会上，老板特别表扬了两组业绩较好的员工，并邀请他们的经理上台发表感言。没想到，两位经理的表现形成了极大的反差。第一位经理好像早有准备似的，一上台就夸夸其谈地说起他的经营方法和管理哲学来，不停向台下员工暗示自己为公司所做出的贡献，使得台下的老板及他自己的员工听了心里都很不舒服。

与第一位经理不同，第二位经理一上台就开始感谢自己的员工，并说："我很庆幸自己有一班如此拼搏的员工！"最后还邀请员工一一上台来接受大家的掌声。这使得台上、台下的反应大大不同。

像第一位经理那种独占功劳、常自夸功绩的人，不仅会使其他团队成员不满，就是老板也不会喜欢。第二位经理能与团队成员分享成果，令他们感到被尊重，那么他们以后一定会更加努力拼搏。其实，老板心里最清楚功劳归谁，所以，你是希望自己像第一个经理那样，还是像第二个经理那样？想必答案不言而喻吧！

美国著名的橄榄球教练保罗·贝尔在谈到他的球队如何建立团队精神时说："如果有什么事办糟了，那一定是我做的；如果有什么差强人意，那是我们一起做的；如果有什么事做得很好，那一定是球员做的。这就是使球员为你赢得比赛的全部秘诀。"这是很广大的格局，这种共享荣誉的精神鼓励了球队的每个人，能做到这一点，其团队精神牢不可破，球队每战必胜也在情理之中。

例如，一位获得表彰的厂长在全厂大会上讲话，他不是泛泛地说"成绩是属于大家的"之类的套话，而是颇有感情地把所有在工作中有突出贡献的员工的事迹一件件列举出来，连一位员工休假提前上班的事也提到了。最后，他说："荣誉是全厂员工的，没有你们的努力，就没有今天"，并且向大家表示深深的谢意。可以肯定地说，厂长的话起到了巨大的激励作用。

毫无疑问，"同甘"与"共苦"一样重要，员工不可能只充当受管理者指挥的"苦力"角色，如果管理者与下属一起"同甘"，就一定会加强团队的聚合力。

找到对方的利益需求点

分享的内容如果不是对方所需要的，这样的分享往往让人不领情。

在找到对方的利益需求点的前提下，如果被分享方能心甘情愿拿出自己的资源，才能共同实现团队的目标。

美国第一旅游公司副董事长尤伯罗斯，在任第23届洛杉矶奥运会组委会主席时，为奥运会盈利15亿美元。他是靠着非凡的整合之术而成功的。

当时，洛杉矶市声称将在不以任何名义征税的情况下举办奥运会。特别是尤伯罗斯任组委会主席后更是明确提出，不需要政府提供任何财政资助。

那没有资金怎么办？借。在美国这个商业高度发达的国家，许多企业都想利用奥运会这个机会来扩大知名度并促进产品销售。尤伯罗斯清楚地看到了奥运会本身所具有的价值，把握了一些大公司想通过赞助奥运会以提高自己知名度的心理，决定把私营企业赞助作为经费的重要来源。

他亲自参加每项赞助合同的谈判，并运用他卓越的推销才能，挑起同行业之间的竞争来争取厂商赞助。在他的策略下，各大公司拼命抬高自己赞助额的报价。仅用这一个妙计，尤伯罗斯就筹集到了385亿美元的巨款。

另外，赞助费中数额最大的一笔交易是出售电视转播权。尤伯罗斯巧妙地挑起美国三大电视网争夺独家播映权，借他们竞争之机，将转播权以28亿美元的高价出售给了美国广播公司，从而获得了本届奥运会总收入1/3以上的经费。此外，他还以7000万美元的价格把奥运会的广播权分别卖给了不同的国家和地区。

从前的火炬传递都是由社会名人和杰出运动员独揽，并且火炬传递也只是为了吸引更多的人士参与奥运会。尤伯罗斯看准了这点：以前只有名人才能获得的这份殊荣，普通人也渴望得到。他就宣传：谁要想获得举火炬跑一千米的资格，可缴纳 3000 美元。人们蜂拥着排队去交钱！是他们找不到地方花钱吗？不是。他们都认为这是一次难得的机会，因为在当地跑一千米，有众多的亲朋、同事、邻里观看，为自己鼓掌、喝彩，这是一种巨大的荣誉。仅这一项就筹集了 4500 万美元。

尤伯罗斯需要钱，赞助商需要利用奥运会提高企业的知名度促进产品销售、电视台需要转播权获得收视率、火炬手需要利用传递火炬的机会得到掌声和荣誉……在相互需要的情况下，大家各取所需，最后尤伯罗斯完美地整合了奥运会所需的资金，而其他各方利用这次奥运会也得到了自己想要的东西，最终成就了本届奥运会。

分享是为了让各方都从中受益。这个收益可能表现为更低的成本、更多的效益或者两者兼有。作为管理者，必须考虑对方的利益点在哪里，以及在分享的过程中如何保障对方利益的实现。

那么，既然分享具有多赢的功能，我们在寻求合作伙伴的过程中，也可以此作为说服对方的条件，让对方为实现自己的目标而努力。

已故的新加坡首富、华商邱德拔正是依靠借来的资本白手起家的。邱德拔祖籍福建厦门，他的父亲是一位传统的闽商，敢打敢拼，精明能干，当时还是多家银行的股东。1917年邱德拔出生于新加坡，受到父亲经商思想的影响，他从小便立志成为一名成功的商人。

16年后，少年老成的邱德拔便进入了父亲参与创办的华侨银行。他在华侨银行工作了十几年，因为办事稳重、工作勤恳而深得老板赏识，在这个过程中他也逐渐熟悉银行经营运作的规律和模式。1959年，已经当上银行副总经理的邱德拔因自身缺少资金而无法进入董事会。长期以来，邱德拔一直有一种寄人篱下、为他人作嫁衣的漂泊感，进入董事会受挫的事件促使他终于下定决心辞职，他要开办一家属于自己的银行。

然而，创业面临的最大困难还是缺乏资金，邱德拔再一次因为"钱"的问题大伤脑筋，但是他很快便想到了解决的办法。邱德拔找到了一位朋友，邀请他出资合伙开办银行。开办银行的启动资金数目庞大，所以邱德拔最初非常忐忑，但他又相信朋友一定会答应，因为对双方来说这都是一个双赢的合作提案。朋友拥有资金，而邱德拔有开办与管理银行的经验、能力与客户关系，邱德拔的资本对那些有钱而没有门路的投资者来说具有很强的诱惑力。果然，朋友考虑之后很快便给了邱德拔"同意合作"的答复。

1960年，邱德拔与朋友合资1000万林吉特（100林吉特约合26.31美元）在吉隆坡开设了马来西亚银行。假如当初他不肯向朋友借钱，那么就很难有之后的辉煌成就。

因此，在分享自己的资源时，我们必须找到对方的利益需求点。要站在对方的立场上来考虑问题，做到换位思考，了解对方的需求及利益，最后才能在多赢的基础上实现团队的发展。

合理的利益分享措施

吸引人才和凝聚人才的重要支撑在于，管理者先不是思考如何选人才，而是拿什么来与人才共同分享。制定合理的利益分享措施，建立有效的人才吸引机制，才能在日益激烈的竞争中获得长期生存与持续发展的动力。

管理者要善于发挥自己的各种优势，有效地利用有限的企业资源，以各种方式努力创造吸引并留住人才的条件。

1.分享企业利润

获得报酬是员工工作的第一目的。团队可以制定一套有自己特色的灵活的薪酬制度，要舍得将企业的利润与成员分享，在薪酬方面一般可以采取"底薪＋奖金（绩效）"的模式："底薪"可以与企业原有的薪酬制度统一，基本上差距不大，而"奖金（绩效）"可以根据工作性质和人才层次的不同采取不同的计量标准和评价方式。

这种模式可以满足人才日常生活的基本需要，使他们可以安心专注于本职工作，也提供了充分调动人才积极性所必需的物质激励。

对于从事技术工作、管理工作、市场方面工作的人才，可以采取不同的薪资激励方式。

2.分享股权

首先我们来看几个数据：在企业中，持股67%以上是绝对大股东，持股51%以上是相对大股东，持股34%以上也算大股东，在大企业中持股20%甚至10%都是大股东。

把企业大股份分出去，这对于很多老板来说，可能比较困难，可是分大股份，却是一种大智慧。我们再来看一组数据：中国民营企业的股份大部分在老板或老板的家人手里，而世界500强企业大老板的股份分配比例是4.76%，大部分股份跟世界500强的4.76%比，谁比较值钱？

企业团队制定多样的、具有吸引力的股权政策，可以采用如下几种方式：

期股：即企业向人才提供的一种在一定期限内按照某一既定价格购买本公司一定数量股份的权利。

干股：即企业送给人才的一种特殊股权，可以享受分红但不拥有产权。

岗位股：即一种只与岗位对应的股权。

贡献股：即根据员工对企业的贡献而给予的一种股份。

知识股：即根据人才的知识背景或特殊技能而给予的一种股份。其具体做法是企业在总股份中分出一块专门用于吸引人才，该项的要点是对人才价值进行合理评价,以确保企业和人才双方的利益。

3.分享成长喜悦

人才需要成长,只要团队能为人才提供足够的成长空间,优秀的人才就愿意为团队打拼。吸引人才靠事业,许多企业的管理层都已充分认识到这一点。

为留住人才进行大胆授权,给人才创造施展才能和价值的空间,同时针对中高级管理人员和核心员工进行配股,让他们成为企业的股东,使他们把自己的命运与企业的命运紧密联系在一起,从而使他们稳定下来。如果能帮助优秀人才设计出符合自己个性特征的职业发展道路,让员工清楚地看到自己的成长之路,他们必定会感到欢欣鼓舞,备受激励。

分享让团队越来越"大"

有一种鸟,名为秃鹫,一旦发现了食物,就减慢飞行速度,并不断发出叫声,附近的秃鹫听见此声会纷纷赶来,聚集在一起争食。虽然进食时看上去是有点你争我夺,但不要忘记它们都是由食物的发现者呼唤而来,共享美食的。不独吞食物,分享才能共赢,这是秃鹫给我们的一大启示。

与成员分享胜利果实,这是一种伟大的情怀。如果功劳只是自己独占,一定会遭到其他成员的唾弃。

一群猴子，发现在高高的悬崖顶上有一串熟透了的果子，悬崖太陡峭了，仅仅靠一只猴子的力量是无法摘到果子的，于是猴子们团结起来，一个踩着另一个的肩膀，搭起了"梯子"，最后终于摘到了果子。

摘到果子的猴子忘记了自己之所以能摘到果子，完全是集体团结合作的结果，一个人在悬崖上大嚼起来，丝毫不理会下面的猴子。下面的猴子生气了，撤去了"梯子"，最上面的猴子吃完了所有的果子，却怎么也找不到下来的路，最后被冻死在了悬崖上。

猴子集体的努力获得了成功——够到了悬崖上面的果子。而最上面的那只猴子却独占了集体的劳动果实，不肯同别人分享。从短期看，最上面的猴子占到了便宜——它自己吃到了所有的果实。但是从长远看，它为了占到很小的便宜，却付出了巨大的代价——被踢出了整个团队，最后甚至失去了生命。

企业团队也会发生这样的情形，在企业发展艰难的时候，员工们往往可以众志成城、团结一心、共渡难关，可是在取得了一定成绩以后，原本团结的局面却往往会出现裂痕，这种可以同辛苦却不能共富贵的怪圈，几乎困扰着每个企业，究竟是什么原因呢？

很多人把责任归咎为团队的成员素质差、嫉妒心太重等，其实不然，真正的原因就是企业里缺乏分享的精神！分享才能避免劳而无功，独占易纷争，分享才能共利，任何成功都是群体团结劳动的结果,仅仅靠一个人是很难成就事业的。

我们很容易发现,一个优秀者被提升或者受到奖励的时候,往往表现得比较谦虚,在享受荣誉的时候,绝对不会忘了感谢那些和他一起努力或者曾经帮助过他的人,让所有曾经参与的人都分享这一荣誉和喜悦。这样的领导,同事们往往乐于看到他的成功,当他获得成功的时候得到的往往是赞许和掌声。而且大家以后也会更努力地团结在他周围,去争取更大的成功——因为分享会让你富有人格魅力,会让团队不断壮大。

迈克尔·乔丹在结束自己的篮球生涯的时候说:"在别人看来,我站在篮球世界的顶端,每当听到这样的赞美,我都感到惶恐。我所取得的任何成绩都是和队友们以及教练一起努力的结果,还有赞助商和每个支持鼓励我们的球迷们,荣誉属于你们每个人,我只是幸运地作为代表,一次次地领取奖杯。"

乔丹在每场比赛中都和队友团结一致,去争取胜利,取胜之后他总是和队友和教练拥抱,和大家一起分享胜利的喜悦。正是乔丹的这种无私的分享精神,皮蓬等一大批NBA巨星才甘于作为配角,紧紧地团结在乔丹周围,为公牛队取得了一个又一个冠军。而乔丹则永远地成为公牛队每个球员的榜样。

企业的管理者,尤其要起到榜样作用,在对待同事或者下属的时候,除了要强调团队精神以外,更要注意的是和大家一起分享胜利的成果和喜悦。这就好像骑马,既想让马儿跑得快,又不想给马儿吃草,天下哪有这样的好事?

员工不是圣人，即使是圣人也要吃饭、穿衣，员工工作的根本目的还是满足自己的物质生活需要。当他们意识到团结起来就可以创造更大的财富时，他们自然就会团结在一起，可是当企业或者某个人获得了巨大的利益，而劳动群体中的大部分人仍旧一无所得的时候，这种团结一心的局面就会动摇——没有获得益处的员工就会对原来的团结丧失信心，而不再如以前一样努力工作。

一个良好的团队，不仅需要精神上口号的鼓励，更需要物质上财富的支持，某个人取得成就的时候，千万不要忘记一起拼搏努力的团体。只有分享，才能共赢。

分享不仅表现在对成果的分配上，更表现在对责任和压力的分担上。

一家工厂因为经营不善，面临倒闭。工人都在收拾行装，根本就不期望工厂能发下来工资——每个人都了解工厂的财务状况。

这时候，厂长把大家召集在一起，说："大家很清楚厂里现在的情况，我现在给大家两条路走，第一条路是我申请破产，不过大家放心，我会想办法让大家拿足工资离开，不过大家将会失去工作，重新去找一份新工作。第二条路是我把工厂股份化，以股票来代替工资给每个人——当然大家现在获得的不会是利益，而是摊到了债务。"

大家都静静地听着，厂长顿了顿，继续说："大家都在一起工作了这么久，为什么不放手搏一下？工厂是我们一起发展起来的，属于我们每个人，只要我们团结起来，就一定能闯出一条生路。"

结果，所有的工人无一例外地选择了留下来。因为每个人都分担了企业的股份，所以大家都拼命努力，厂里的主管因为有了大家一起分担压力，信心也足了。很快，工厂就死而复生，蓬勃发展起来。

不仅要同甘，而且能共苦。懂得分享才能共赢的道理，那么这样的团队必是不可战胜的！

第六章

执行第一：
没有执行力的团队等于零

竞争力源于团队执行力

美国企业家格瑞斯特说,杰出的策略必须加上杰出的落实才能奏效。无数的优秀团队都拥有伟大的愿景,但只有少数能获得成功。为什么那些带着正确的战略开始奋斗的优秀团队,最终却失败了呢?原因归结起来就是他们无法把自己的战略彻底执行。

根据美国《财富》杂志的统计,企业所制定的战略只有不到10%被有效执行了,而在失败的案例中有超过70%是因为执行过程出了问题。

第二次世界大战后,日本的汽车制造业发展迅速,进入20世纪70年代以后,更是打开了美国的市场。在日本汽车公司的竞争下,美国三大汽车公司市场份额降到60%以下。

美国三大汽车公司后来都派人到日本学习,因为他们觉得再也没有比仔细观察日本同行更好的方法了。

汽车不是日本人发明的，汽车的流水线也不是日本人设计的，生产汽车的机器也不是日本人想出来的，日本人也不知道美国人需要学习什么。

后来美国人才发现真正的问题在于企业文化和企业的执行力。日本的汽车公司用5年时间做到零库存和及时上线，所有的供应商在一起培训，做到一种标准、一种表格，这是美国人做不到的地方。

美国人终于明白，真正的问题在于贯彻力度。

日本的汽车工业取得超常发展的绝招就是企业的执行力。如今，企业的战略目标、商业模式多为显性化并被快速传播，企业战略也非常容易被其他企业模仿，而唯一不能模仿的就是执行力。对于一个团队来说，如果一个团队没有落实力，那它就没有竞争力。

优秀的团队之所以优秀，不仅仅是因为战略的完备，而是因为拥有强大的执行力。团队的价值观和愿景固然重要，更重要的是如何激发团队的执行力，让这些愿景能坚持下去。

综观世界优秀企业，像GE、沃尔玛、IBM以及中国的海尔、联想、华为等企业的成功，不仅仅因为拥有伟大的战略，更重要的是它们建立了强大的执行力系统。向优秀的企业学习，最需要学习的就是它们不折不扣的执行力。

为什么计划得很好就是做不到位？为什么工作做着做着就走

了样？为什么问题会反复发生？为什么员工积极性时高时低？为什么我们做不到行业数一数二？为什么……

有原因吗？——有！

有工具吗？——有！

有榜样吗？——有！

近30年，国内企业处于一个空前增长的阶段，造就了大批"航母"级大型企业，海尔是其中的典型代表。它的发展也揭示了一个重要的事实——没有优秀的执行力，就没有优秀的企业。强大的落实力，是海尔在激烈的竞争市场上获得先机的保障。

一个团队要持续、稳定、健康地发展壮大，必须具备高效执行力。那些具有战略眼光的卓越团队，都将执行力推崇为企业发展壮大的核心能力，这无不启发我们，有效执行是最有力的竞争武器。

把信交给加西亚

美西战争爆发以后，美国必须马上与西班牙反抗军首领加西亚将军取得联系。加西亚将军隐藏在古巴辽阔的崇山峻岭中——没有人知道确切的地点，因而无法送信给他。但是，美国总统必须尽快地与他建立合作关系。怎么办呢？

有人对总统说："有一个名叫罗文的人，如果有人能找到加西亚将军，那个人一定就是他。"

于是，他们将罗文找来，交给他一封信——写给加西亚的信。

关于那个名叫罗文的人如何拿了信，将它装进一个油纸袋里，打封，吊在胸口藏好；如何在 3 个星期之后，徒步穿越一个危机四伏的国家，将信交到加西亚手上——这些细节都不是这里具体要说明的，而需要强调的重点是：美国总统将一封写给加西亚的信交给了罗文，罗文接过信后，并没有问："他在哪里？"

像罗文这样的人，我们应该为他塑造一座不朽的雕像，放在每所大学里。年轻人所需要的不仅仅是学习书本上的知识，也不仅仅是聆听他人的种种教诲，而是更需要一种敬业精神，对上级的托付，立即采取行动，全心全意去完成任务——把信送给加西亚。

这是节选自全球销售逾 8 亿册《致加西亚的信》的书中的一些文字，这个送信的传奇故事在全世界广为流传，一百多年来"罗文"作为优秀执行者的形象深入人心。

当罗文接过美国总统的信时，并不知道加西亚在哪里，他只知道自己唯一要做的事是进入一个危机四伏的国家并找到这个人。他二话没说，没提任何要求，而是接过信，转过身，立即行动。他下定决心，奋不顾身，排除一切干扰，想尽一切办法，用最快的速度去达到目标。

接到任务后，不折不扣去执行，排除万难完成工作，这是一名员工完美的执行能力的高度体现，企业需要的就是像罗文这样的执行者。

执行力的核心是人。只有拥有了执行力强的人，组织才能拥有强大的执行力。企业需要执行力，其实需要的就是不折不扣的优秀执行者。世界上所有优秀的企业都致力于打造一支具有强大执行力的队伍和组织。

海尔的杨绵绵、联想的马雪征、华为的孙亚芳、海信的于淑珉……没有他们坚定不移的贯彻和执行，张瑞敏、柳传志、任正非、周厚健这些决策者的宏图战略就不能转化为企业发展的巨大力量。他们用自己的能力为企业谋求发展，也让自己的事业和人生达到旁人难以企及的高度。他们是最优秀的执行者的代表，正是他们带领着企业不断地向前奔跑。

如果没有人将决策者的思想和战略不折不扣地执行下去、贯彻下去，再伟大的设想也只能是空想。企业的生存和发展离不开优秀的执行者。当前，执行力已经被越来越多的企业重视。无论什么时候，企业都在寻找积极主动、不折不扣地完成任务的执行者。

在今天的企业里，有很多的领导在为找不到优秀的执行者而烦恼，他们最大的心愿是希望自己的下属成为"罗文"式的员工。那么，优秀执行者需具备的基本素质有哪些呢？

1.态度上：没有任何借口

当美国总统把给加西亚的信交给罗文时，罗文没有问加西亚将军在什么地方，也没有问寻找加西亚将军的途径，甚至没有要路费，因为即使问了也没用，谁也不知道加西亚在哪儿，不知道他是否活着。罗文只是怀揣着一个任务、一个目标——把信送给加西亚，就上路了。他越过了千山万水、历尽了千辛万苦、想尽了千方百计，最后出色地完成了任务——把信送给了加西亚。

员工要在接到任务时，不是问为什么，而是努力想尽一切方法去完成任务。

2. 能力方面：手段专业化

当罗文接过信之后，把它装进一个油布制的袋里，打封，吊在胸口……这一系列动作正是一个送信员的专业操作手段，充分体现了罗文完成工作时所具备的专业技能。在企业中，具有良好态度的人确实有，但是往往由于缺乏专业化手段的操作，最后不能出色地执行任务。因此，企业要提高员工的执行力，就必须加强对员工专业技能和专业化操作手段的培养，这是成功的必经之路。

3. 结果方面：须提供满意答卷

企业管理一定要以任务倾向为主导，关键是要看员工能否完成任务，能否交出满意的答卷，实践是检验真理的唯一标准。

现代企业需要的执行者，不仅是那些无论老板是否在办公室都努力工作的人，更是那些能够"把信交给加西亚"的人。他们静静地把信拿去，不顾一切地把信送到，而不会提出任何愚笨的问题，也不会存心随手把信丢进水沟里。这种人永远不会被解雇，因为他们永远是企业最需要的人才。

不要继续等到明天

"拖延症"就是做事能拖则拖，不能拖也拖，知道后果不妙却明知故犯，最终搞得自己狼狈不堪。这并非医学意义上的一种病症，却正危及不少人的工作和生活。可以说，拖延已经日益成为有效执行的重要阻碍，人们习惯于拖延，团队的执行力因此而大打折扣。

观察你身边的那些员工，明明手头有正在进行的项目，但他们好像在等什么，好像还在准备什么。他们似乎在等待别人的帮助，或者是等待问题自动消失……拖延症已经成为团队成员身上的"顽疾"。

首先需要明白，无论如何拖延，问题依然会存在，等到自己觉察到的时候，往往已错过了顺利解决问题的时机。在任务面前，如果总是想："我应该去面对它，但现在对付它还为时过早"，那么，"拖延"将会最终断送员工的前程和团队的发展。

小郭工作 5 年来，不仅没有得到晋升，反而面临着失业。是什么导致了他面临这样的境遇？

刚进公司的小郭是个非常有竞争优势的年轻人。顶着名牌大学毕业生的光环，但是，他来到这家公司后，发现现实与自己的理想有偏差，对工作、公司都产生了抵触情绪。他觉得自己的学历比别人高,能力比别人强,却屈尊在小公司里,于是终日浑浑噩噩,有问题也不积极去解决,能拖则拖。

更让同事们不能容忍的是,他总是仗着资历老,在紧急的项目面前不紧不慢的,"别着急啊,这个工作我做了几年了,两天就完了。现在没兴趣,过几天再说吧。"在小郭的拖延中,很多问题都得不到解决,和他一组的同事却因为他一起受到了公司的惩罚。

同事们不愿再与他协作,上司也对他有了看法。而小郭却没有意识到自己的问题,对待工作仍改不了拖延的毛病。5年来,小郭完成的项目屈指可数。

如果选择拖延,选择现在不做,也许就等于选择了永远也不做。"温水煮青蛙"就能说明这个道理。这种情形也发生在我们身上,我们常常安于现状,习惯于在接到任务的时候能拖则拖,不到紧急关头不愿意有所行动,等到时间越来越长,到最后错过了最好的行动时机,就如置身于水深火热之中,苦不堪言,工作业绩也一塌糊涂,什么事情也干不成。

具有高效执行力的员工,会想尽办法快速完成任务。对员工来说,最理想的状态是任务在昨天完成。对领导交代的工作,要在第一时间处理,争取让工作早点瓜熟蒂落,让领导放心。

千万不要把昨天就能完成的工作拖延到今天,把今天能完成的工作拖延到明天。最好不要等到领导开口,说那句"你什么时候做完那件事"时,才匆忙呈上自己的工作,在慌乱中执行,定会在执行效果上大打折扣。

比尔·盖茨说:"过去,只有适者能够生存;今天,只有最快处理完事务的人能够生存。"因此,对于一名优秀的管理者来说,"立即就办"是唯一的选择。

李·雷蒙德是工业史上最聪明的 CEO,是洛克菲勒之后最成功的石油公司总裁——他带领埃克森·美孚石油公司继续保持着全球知名公司的美誉。

有一次,李·雷蒙德和他的一位副手到公司各部门巡视工作。到达休斯敦一个区的加油站的时候,李·雷蒙德却看见油价告示牌上公布的还是前一天的数字,并没有按照总部指令将油价下调5美分/加仑进行公布,这让他十分恼火。

李·雷蒙德立即让助理找来了加油站的主管约翰逊。远远地望见这位主管,他就指着报价牌大声说道:"先生,你大概还熟睡在昨天的梦里吧!因为我们收取的单价比我们公布的单价高出了5美分,我们的客户完全可以在休斯敦的很多场合贬损我们的管理水平,并使我们的公司成为笑柄。"

意识到问题的严重性,约翰逊连忙说道:"是的,我立刻去办。"

看见告示牌上的油价得到更正以后,李·雷蒙德面带微笑说:"如果我告诉你,你腰间的皮带断了,而你却不立刻去更换它或者修理它,那么,当众出丑的只有你自己。"

也许加油站的主管约翰逊认为,当天的油价即使在当天换也来得及。但是商业环境的竞争节奏正在以令人眩目的速度快速运转着，执行力就是"现在就办"，而不是"再等一会儿"。

以最快的反应速度去开始一项工作是保持恒久竞争力不可缺少的因素，也是唯一不会过时的本领。在竞争激烈的市场环境中，要让团队保持稳定甚至常胜的优势，就必须奉行"立即就办"的执行理念，千万不能在拖延中虚耗生命。

世界上有许许多多的人都因拖延而一事无成，拖延已经严重影响到团队的发展。面对工作时，不提出任何问题，不表示有任何困难，以最快的时间用最好的质量立即就办，这才是优秀团队的执行力。

养成"没有任何借口"的习惯

很多人都是找借口的专家，他们常常把本应前天该完成的事情拖延到后天，这是一种很坏的工作习惯。对打造优秀执行力的团队来说，借口最具破坏性，也是最危险的恶习，它使人丧失进取心。

很多人擅长找出多种理由来辩解为什么事情无法按时完成，而对促使事情完成的方法想得少之又少。殊不知，许多简单的事情正因此变得复杂，许多本可以成功的事情将因此变得毫无希望。

著名的美国西点军校有一个长久流传的传统，遇到学长或军官问话，新生只能有四种回答：

"报告长官，是。"

"报告长官,不是。"

"报告长官,没有任何借口。"

"报告长官,我不知道。"

除此之外,不能多说一个字。

新生可能会觉得这个制度不公平,如军官问你:"你的腰带这样算擦亮了吗?"你当然希望为自己辩解,如"报告长官,排队的时候有位同学不小心撞到了我"。但是,你只能有以上四种回答,别无其他选择。

"没有任何借口"是美国西点军校200年来奉行的最重要的行为准则,是西点军校传授给每位新生的第一个理念。它激励学员想尽办法去完成任何一项任务,而不是为没有完成任务去寻找借口,哪怕是看似合理的借口。秉承这一理念,无数西点毕业生在人生的各个领域取得了非凡的成就。

"没有任何借口"看起来似乎很绝对、很不公平,但是只有把"没有任何借口"铭记在心,才能有一种毫不畏惧的决心和坚强的毅力,有一股保证完成任务的执行力,然后在限定的时间内把握每分每秒去完成任务。

面对尚待解决的问题,不是一味去找借口,而是积极主动地寻找方法,将自己需要执行的任务迅速完成。

王伟是一家公司的总经理助理,管理着办公室的工作。有一次,王伟安排业务员负责标书制作。当业务员拿回招标文件之后,王伟安排她在27号之前完成,因为招标将在30号进行。除了业务员的路上时间之外，王伟还预留了一天的应急时间。结果呢？28号上午，王伟没有见到标书，打电话问业务员，她说："还没有做好呢！只剩下一个产品效果图了，正在处理。"王伟很着急地说："那你抓紧时间，上午必须完成。"当时，王伟并没有批评她，怕影响她工作。

事后与她就这一问题进行沟通时，王伟问她："为什么没有在27号之前完成？你说时间太紧张，但我们的作业规程里边的标书的完成时间是你自己根据实际情况承诺的。就算这份标书内容多，比较特殊，那你为什么没有提前向我解释并寻求帮助呢？"刚开始，她还找各种借口，但到最后，她还是认识到了自己的错误。

许多借口总是把"不""不是""没有"与"我"紧密联系在一起，但实际上其背后的实质就是拖延时间。无论你是谁，再妙的借口对于事情本身也没有丝毫的用处。

假使你拒绝任何借口，把自己全身心地投入向目标努力的行动中去，你就会积极思考改进工作、提高效率的方法，这样就能及时地完成任务。

对于不找借口的优秀员工来说，奋力拼搏是唯一的工作方法，即使上司不在，他们也不容许自己有丝毫的懈怠。他们不会对自己说"我还是拖延一下吧"，而是要求自己全力以赴，不达目的誓不罢休。他们始终以百米赛跑的速度驰骋在职场的跑道上，为完成目标做最后的冲刺。

要想从根本上克服找借口、拖拉的弊病，可以从以下几个方面入手：

（1）在行动之前，如果时间允许，要反复冷静地思考，给自己充分思考问题的时间；

（2）一旦做好心理准备，就立即行动，迟疑是最大的禁忌；

（3）不要要求自己十全十美，不论心情好坏，每天都要有规律地持续工作；

（4）不要浪费时间，把握住现在。今天的工作绝不拖到明天。商场如战场，时机很关键。只要你看好了、看准了，你就该下决心赶快行动。

运营的流程：正确地做事

如果管理者能将组织的工作流程化，并且这种流程被大家普遍接纳，团队的执行力将会因此而大大提升。

百度公司总裁李彦宏说，遇到问题多问几个为什么，找到根源，并用系统的解决方法去根除它，就可以不断为组织增强免疫力，从而提升工作效率。

某一天，百度与某跨国企业合作推进一项公益活动，其文字链接指向的是合作方官方网站上一个活动的页面。但文字链接上线不到两小时，用户便发现这个页面点不开了。负责此项目的负责人十分紧张，不知道到底哪里出了问题。

查明原因后,他略微松了口气,问题出在合作方,由于低估了百度带来的点击量,他们的服务器停机了。负责人当机立断,发起下线,暂停推广。

这位负责人就此事给李彦宏发邮件,写道:"由于××公司的服务器负载量不够,链接已打不开,百度也无能为力,特此申请暂时下线。"当时,李彦宏不在公司,但他很快写了回信,在"同意下线"后面追加了一个问题:"下线以后呢?"

负责人收到回信后,很后悔自己没有把后续的处理写进去,还让李彦宏追着问。他赶紧回信:"已经与对方沟通了,等他们调好服务器,测试好了再发起上线,按预定时间将合作执行完。"该负责人对自己的处理还是比较满意的。

但没有想到的是,李彦宏又回邮件了。他在邮件中这么说:"我想了解的不是这次怎么办,而是针对这类问题,你们有没有着手制定一个系统化的解决方案。我们应该对合作方提出多大的服务器准备要求以最大限度地避免再次发生类似情形,以及如果一旦问题再次发生,如何最快地应对?首页任何一个链接每秒钟的无法点击都会给亿万用户带来不好的体验,按流程发起下线需要多人审批,审批过程中又有多少人去点击看到了'无法访问'?如果这种合作想继续,这样的问题一定会再出现,我们应该用流程来解决共性问题,而不是事到临头特事特办。"

这番话让这位负责人沉思了好久,此后,他也将自己的管理精力放到流程导向方面。

有人说，一家企业应该有两本书：一是红皮书，称为战略；二是蓝皮书，即战术，就是标准作业程序。战略是作战指导纲领、框架，可以大而全、高而玄，可是战术的每个细节，都需要流程化的支持。

流程化告诉我们先做什么、后做什么，"有章可循,有条不紊"。这样看上去有些死板，但对于执行却是很有效的。而且，无论事情的大小，只有以认真的态度、规范的方法去研究它、做好它，使它形成系统，才有可能有所成就。

美国戴尔公司运用的直销和按单生产的执行流程就是它的核心竞争力所在。戴尔的独到之处在于直接接单生产，优异的执行流程使其发挥出卓越的执行能力。

接单生产是工厂在接到客户订单后才开始生产，与其配合的零部件供货商也是接单生产。等供货商交货后，戴尔立即开始组装，并在装箱完毕几小时内就运送出去。这套流程能压缩从接到订单到出货的时间，它让戴尔与供货商的存货都减到最少，和对手相比，戴尔的客户更能及时地享有最先进的产品。

一个简化、出色的执行流程意义就在于此。执行流程是影响执行操作性的一大关键因素。优秀的执行流程可以缩短执行的时间、简化执行的环节、减少执行中的摩擦、提高执行的速度和效率。

对于那些稳定性、重复性的重要工作，都可实行流程化管理。

1. 设计清晰简明的执行流程

流程如何设计，与工作的效率和执行力有很大的关系。流程清晰简明，工作的效率就高，执行力就强；流程复杂烦琐，工作的效率就低，执行力就差。比如一项重大决策，一家流程清晰简明的机构可能只需要 10 天就可做出，而一家流程复杂烦琐的机构可能需要半年甚至更长的时间；又比如处理一份重要文件，一家流程清晰简明的机构可能只需要 3 天就可以做出反应，而一家流程复杂烦琐的机构可能需要 10 天甚至更长的时间才能做出反应。

可见，流程的优劣严重地制约和影响着执行力的发挥。要想提高组织的执行力，必须以清晰简明为原则，设计合理的工作环节与衔接程序。

2. 流程量化

流程量化是制定流程的核心部分，是确保流程有效性的基本方法和必要环节。

依据标准对执行的现状与未来期望进行量化，从而确定执行的时间、执行的速度、执行的成本、执行的收益等量化指标，这样便于执行的评估和考核。

3. 流程标准化

流程标准化是通过设计一个标准的流程，把它作为现状的判定标准，以达到改变现状和提高效率的目的。包括流程具体步骤的确定、步骤中采用的方式的确定等。这个标准并不是一成不变的,在运行一段时间以后,对它进行有效性分析,再加以改进。

流程标准化的好处在于便于按照标准开展工作,避免执行的盲目性,降低因没有标准而造成的执行力流失。

4.优化流程

复杂的流程将严重影响执行的速度和工作的效率。复杂的流程就像复杂的制度一样,只会成为行动和速度的负担和累赘。因此,组织必须简化流程,进行流程优化。流程优化的最终目标是机构调整、减员增效,使流程有利于快速行动。

从以上四个方面入手,可以使工作流程更加科学与合理,从而让企业的执行力和工作效率得到极大提高。

执行重在到位

在数学中,100-1=99,而在企业管理中,如果执行不到位、落实不彻底,企业远大的战略、优秀的产品和技术都会成为虚无,最终导致100-1=0。

没有到位的执行,组织的各种规章制度就无法得到真正落实,再好的决策、再好的战略也只能是一种幻想、一个泡影,组织的目标最终也无法完成。简言之,制度再多再细,如果执行不到位,一切都等于零。高效的执行力已成为当今企业效率之源、成功之本。

很多管理者都会遇到这样的问题：绞尽脑汁得到了一个好的项目，但执行过程却出现岔子，最后只好把利益拱手让人。

强调执行到位，就是要求将工作做到100%。在工作中应该以最高的标准要求自己，能完成100%，就绝不只做99%，尽可能地把工作做得比别人更快捷、更准确、更完美。

团队执行力的关键在于是否执行到位，否则就跟没有执行并无二致，甚至白白浪费了人力、物力、财力。一个优秀的员工，不会轻易说"我已经做到位了"，而是要求自己的每次任务都能做到不打折扣。

在执行的过程中，如果每个人都打点折扣，由上到下传达一项任务，一个人差10%，下一个人又差10%，这样传下去，这项任务最终恐怕就面目全非了。以10人团队为例，如果每个人都只做到90%，那么，$0.9 \times 0.9 \times 0.9 \cdots \times 0.9 = 0.3486$！即使是其中的一个环节没有做到位、做彻底，也会给企业造成损失。

有位广告部经理曾经犯过这样一个错误，由于在审核广告公司回传的样稿时不够仔细，在马上要发布的广告中弄错了一个电话号码——服务部的电话号码被广告公司打错了一个数字。就是这么一个小小的错误，给公司带来了一系列的麻烦和损失。

后来，因为一连串偶然的因素，他发现了这个错误，他不得不耽误其他的工作时间并靠加班来弥补。同时，还让上司和其他部门的同事陪他一起忙了好几天。幸好错误发现得及时，否则造成的损失会更大。

从上面的案例可以看出，执行不到位会影响整个项目的进度，有时甚至会功亏一篑，然后还需要重新返工，不仅会造成资源的浪费，还会造成企业时间成本和人力成本的增加。

做事到位的人，永远把每项工作都做到最好；而做事不到位的人，永远是做得差不多就行。一位知名演员接受采访时曾说，"差不多"其实就是成功与失败的区别。每个人都应时刻谨记"做到100%"。

某公司原本要把一个大项目交给两家公司去做，于是要求两家公司准备好资料递交给他们审核。

其中一家公司的董事长让经理将公司资料准备齐全，并在当天下班前将资料分别用传真以及快递的方式交给客户，并将客户企业的地址及电话抄给了总经理。总经理接到命令后便交给市场部主任，要求市场部负责完成此项任务。市场部主任吩咐部门业务骨干孙晓来跟进此事。恰好孙晓有事，他准备好资料后，便吩咐新入职的王华在主任审核完资料后帮忙将材料传真给客户，并将材料用快递寄给对方。由于王华自己不会发传真，于是请行政部的李红帮忙传，自己则去联系快递公司发快递。结果，由于李红在传真时正好赶上对方传真机没纸了，而王华在写快递单时又把公司电话写错了，快递被延迟运送，客户没有及时收到资料，因此取消了与公司的合作。

另一家公司接到项目后，董事长则指定让市场部主管亲自负责，并要求他时时追问，主管很快安排好资料发了过去，为了确保准确传递，发出文件后，主管在当天又打了电话向对方确认。由于该公司员工做事认真、到位，获得了客户的整个项目。

俄国作家列夫·托尔斯泰说："如果你做某事，那就把它做好；如果不会或不愿做它，那最好不要去做。"摒弃差不多的思想，将每件事情都做到100%。接受一项任务，就要下定决心把它做好，做到位，做出结果，这样才可能取得成功。

其实，只要端正工作态度，遵循"做对、做全、做实、做细"的原则，提升团队的执行力并不难。

1. 做对

就是对症下药，执行必须有明确的目标，并按标准执行，否则就可能偏离执行轨道，导致不合格的结果。所有的工作做到有的放矢，一步到位，第一次就把事情做对。

2. 做全

任何工作，能做到100%就绝不只做99%。培养周密细致的工作作风，一些细小的地方往往能影响整个执行的质量。

3. 做实

工作不追求结果是谈不上有执行力的。在工作实效上下功夫，不务虚功，做一个真正的实干家，而不是语言上的巨人、行动上的矮子。

4. 做细

必须注重工作中的细节,力求细节之处的完善。注重细节,是把事情做到位的重要环节。

第七章

重用人才：
做伯乐，就不要戴"有色眼镜"

英雄不问出处

有些管理者还停留在过去的思维上,用人时总是学历查三代,而不是看个人的能力,由此导致团队存在较严重的官僚作风,团队的发展也总是不温不火。

作为管理者,要求"英雄不问出处",重用人才不是选美、不是比拼高学历,只要能为团队所用,只要能为团队贡献自己的力量,就应该不拘一格选聘他。

在当今的人才市场上,用人企业处于买方市场,表面上似乎不愁招不到人,于是不在应聘者的真才实学方面下功夫,而是似是而非、额外地附加了一些标准,使大量的人才难以脱颖而出。诸如"学历查三代""招男不招女"等各种歧视层出不穷,或许一些是偏见,或许一些是经验。

"英雄不问出处",要求人才确实拥有真才实学,团队能够用得上、能切实发挥作用。一些限制条件对吸引人才未必会有很大的作用。

某家信息技术公司的老板认为唯有高学历人才才有保证,该公司从最高领导层到普通员工基本上都是"211"高校毕业的,但后来因为一件事让老板的理念有了些改变。

在一次招聘会上,有一个非重点高校毕业的学生前来应聘。本来这样的人员根本不在考虑之列,但为了尊重对方,面试官还是与这位学生做了一个简单的沟通。没想到,在沟通的过程中,面试官觉得这位应聘者态度好、专业知识扎实、目标明确、善于思考和总结,而且思路比较开阔。

经过考虑,面试官决定把这个人才推荐给老板。老板一看到这个学生的简历,就说不行,因为毕业院校不是"211"高校。但面试官一再强调这个同学的优势,老板最终决定给这个同学一个机会。

该同学后来在工作中的表现,证明自己当初的确没被看错。他内心深知自己不是从重点高校毕业的,更加珍惜这个来之不易的机会,平时加倍努力。而且在自己的工作完成之余,还非常乐于帮助其他同事,和同事们相处得很好。他也敢于把自己的想法说出来,不怕出错。经过一段时间的磨炼,他成了部门的骨干力量。

从此以后,公司的管理者们再也不迷信只招收重点高校毕业的大学生了,老板也觉得只要符合公司录用条件,更希望有不同风格的新鲜血液加入自己的团队中。

百度公司董事长李彦宏在人才选拔的判断标准上,有三个"不重要"和三个"重要",即你是什么背景不重要,你是不是新员工不重要,你以前是不是犯过错误也不重要;重要的是你是否符合百度文化，是否能力出众，是否有学习的心态。

在经营企业的过程中，阿里巴巴的创始人马云经常强调只要普通人才，只要合适的人才。英雄不问出处，只要是优秀的人才，都能为己所用。

马云说，自己曾经在用人上犯过一些错误。比如在创业早期，阿里巴巴请过很多"高手"，一些来自500强大企业的管理人员也曾加盟阿里巴巴，结果却是"水土不服"。他打比方说，这就好比把飞机的引擎装在了拖拉机上一样，最终还是飞不起来，那些职业经理人管理水平确实很高，但是对阿里巴巴来说却不合适。在阐述了企业必须用对人的道理之后，马云接着强调了团队自身提高的重要性。马云从不否认那些职业经理人的管理水平，他们就如同飞机引擎一样，能够带动整架飞机翱翔蓝天。但如此高性能的引擎就适合拖拉机吗？对此，业界高手们讲得头头是道，但结果却是讲起来全对、干起来全错。

经过这一折腾之后，马云开始重视企业发展中人才队伍的自身成长问题，并将自己的观念融入企业的人才制度里去。2005年，阿里巴巴第一次组织了一场大规模的校园招聘，对此马云表示：如果放在几年前，公司是肯定不会招聘应届毕业生的。因为他总认为应届毕业生没有受过什么委屈，太浮躁、易变，跳槽的可能性特别大。出于这种想法，马云认为最好的机会就是不给机会。但经过几年的耳濡目染，马云的这种成见已慢慢发生了改变。他发现应届毕业生其实也有很多优点：应届生都是一张白纸，容易接受新事物，成才概率相对比较高。马云举例：阿里巴巴现在有两个刚毕业两年的员工，由于工作业绩突出相继得到了提拔，目前手下都管着上百号人。

马云表示，应届生只要够踏实，依然是企业需要的人才。如果一个年轻人今天和他说要做什么，三年后依然说要做这个，而且坚持在做，那他本人就一定要给这个年轻人机会。

2000年，金庸给马云题了一幅字："善用人才为大领袖要旨，此刘邦刘备之所以创大业也。愿马云兄常勉之。"马云将它挂在自己办公桌的前面，以此来时时提醒自己要重视人才。他说："挂在办公桌前面，这是给自己看的，挂在后面是给别人看的。"

不拘一格招人用人，那些看似平凡的人不一定比那些出身名牌大学或拥有工作经验的人能力差。真正的人才并不在于学历的高低或是经验的多少，而在于他是否适合企业未来的发展、是否能够做出业绩、是否善于与众人协作形成强大的合力。

对于一个团队来说，能为团队做出自己扎实贡献的人，就是团队需要的人才。因此，管理者在选拔人才时切不可一味追求高学历和高智商，而要善于"不拘一格降人才。"

切不可以貌取人

俗话说，人不可貌相，海水不可斗量。有人习惯于以貌取人，戴着有色眼镜去看人，这终究会让自己的团队错过优秀的人才。

三国时期的谋士庞统相貌丑陋，但很有才能。他去拜见孙权，要效力于东吴。孙权本来是个爱才的领袖，但是一看到庞统相貌丑陋，就不太喜欢他，又看他性格傲慢不羁，更加对他没有好感。最后，他把与诸葛亮齐名的旷世奇才庞统拒之门外，鲁肃苦劝也无济于事。

为什么孙权不喜欢庞统？因为庞统长得丑，这是不可忽视的重要原因。

有研究表明，长相好看的人比相貌平平的人挣的钱更多，拥有的工作更让人羡慕；而相貌平平的人比相貌丑陋的人又会好一些。一项调查发现，好看的人比丑陋的人挣的钱要多75%。同样的背景下，漂亮的申请者比相貌平平的申请者赢得更高职位的概率要高。

西方学者的研究表明，法官在执法如山的法庭上给犯人判刑时，也难以逃脱外貌对判断的影响，有时判决的结果令人震惊：罪行相同的盗窃犯中，外貌漂亮的被判决刑罚要比不漂亮的轻。不过，对于诈骗犯判刑的情况却不是如此。法官们似乎认为，越漂亮的诈骗犯越危险，越应该重判。

但是，团队管理者必须克服这一人性弱点。尤其是在招聘时，应聘者总会有不同的相貌打扮，但很多人在和陌生人打交道时都常常以貌取人，毕竟仅仅凭借简历等方面去了解是不够的。

所以，我们不能根据一个人的面貌对一个人定性。以貌取人不能全面获得他人的信息，常常会导致高估了他人的能力或贬低了他人的水平。

在现实生活中，很多人缺乏明辨是非的能力，他们往往以貌取人，这样的态度对自己的发展是极为不利的，也是极为功利的。

秦穆公对伯乐说："你的年纪大了，你能给我推荐相马的人吗？"伯乐说："我有个朋友叫九方皋，这个人对于马的识别能力，不在我之下，请您召见他。"穆公召见了九方皋，派他去寻找千里马。三个月以后九方皋返回，报告说："已经找到了，在沙丘那个地方。"穆公问："是什么样的马？"九方皋回答说："是黄色的母马。"

穆公派人去取马，却是纯黑色的公马。穆公很不高兴，召见伯乐，对他说："你推荐的人连马的颜色和雌雄都不能识别，又怎么能识别千里马呢？"伯乐长叹道："九方皋所看见的是内在的素质，发现它的精髓而忽略其他方面，注意力放在它的内在而忽略它的外表，关注他应该关注的，而不去注意他不该注意的，像九方皋这样的相马方法，是比千里马还要珍贵的。"穆公试了试马，果然是千里马。

九方皋相马，注重马的内在本质，而不注重马的外形，所以能选出天下难得的骏马。与陌生人交往时，我们难免会注重第一印象，而一个人的外貌给我们留下的印象最深。所以我们常常会犯以貌取人的错误。

其实，可以想一下，面对熟悉的人和陌生人，你会有什么不同的表现？你肯定会说，和熟悉的人在一起就无话不谈，而与陌生人谈话却感到很困难。这是什么缘故呢？

对于陌生人，一般人们都抱持一种礼貌的态度，并且在萍水相逢时有效地与陌生人交谈沟通，尽量避免自己陷入以貌取人的境地中。

练就慧眼识人的本领

"知人者智，自知者明"，这句古训高度概括了识人的重要性。管理工作的起点本质上是人而非事，因为一切管理活动，最终都会归结到人身上。

人才是团队发展的基础，对于管理者而言，用人的前提是识人，必须练就慧眼识人的本领。

有一则曾国藩慧眼识人的故事。

李鸿章推荐三个人去见曾国藩，碰巧曾国藩出去散步，这三人在门口等候。

曾国藩回来的时候，一眼就看到门口有三个人，但他并未动声色。李鸿章问老师对此三人的评价，曾国藩回答道："左侧之人可用，但只可小用；右侧之人万万不可用；中间之人可用，且可大用。"他继续解释说："左侧这个人，我看他一眼，他也看我一眼，我再看他一眼，他就把眼皮顺了下来，不敢再与我对眼神了。这说明他心地比较善良，但是气魄不够展开，所以可用，但只可小用。右侧这个人，当我看他的时候，他不敢看我，当我不看他的时候，他又偷偷地看我，很明显这个人心术不正，所以万万不可用。然而，中间这个人，我看他一眼，他也看我一眼，我上上下下扫他一眼,他又堂堂正正地打量了我一番。说明此人心胸坦荡、气魄宽广,可用,而且可以大用。"此时,李鸿章恍然大悟。

中间这个人就是被李鸿章重用并成为台湾第一任巡抚的刘铭传。

曾国藩没有通过应聘者的衣着、学识来鉴别来人是否人才,而是通过应聘者面对突发状况的反应就一眼看穿了其个人素质。

美国微软公司总裁比尔·盖茨认为,一个企业家寻找到一个合适的人才,比他的财产增长更让他激动。他这样说道:"这个世界上无论任何角落,只要有哪个人才被我发现,我会不惜任何代价,将其请到我身边来。"美国惠普公司前老总戴维·帕卡德也十分重视人才的选用,他认为,优秀人才是公司最重要的资产,一家公司要想持续健康地发展,必须下重力气选人才。

可以说,面试是人才招聘过程中极其重要的一环,优秀的管理者通过慧眼识人,就能为企业选择最优秀的人才。

在一次招聘会上,北京某外企人事经理说,他们本想招一个有丰富工作经验的资深会计人员,结果却破例招了一位刚毕业的女大学生,让他们改变主意的只是一个小小的细节:这个学生当场拿出了两块钱。

人事经理说,当时,女大学生因为没有工作经验,在面试第一关即遭到了拒绝,但她并没有气馁,而是一再坚持。她对主考官说:"请再给我一次机会,让我参加完笔试。"主考官拗不过她,就答应了她的请求。结果,她通过了笔试,由人事经理亲自复试。

人事经理对她颇有好感,因她的笔试成绩最好,不过,女孩的话让经理有些失望。她说自己没工作过,唯一的经验是在学校掌管过学生会财务。找一个没有工作经验的人做财务会计不是他们的预期,经理决定收兵:"今天就到这里,如有消息我会打电话通知你。"女孩从座位上站起来,向经理点点头,从口袋里掏出两块钱双手递给经理:"不管是否录取,都请给我打个电话。"

经理从未见过这种情况,问:"你怎么知道我不给没有录用的人打电话?""您刚才说有消息就打,那言下之意就是没录取就不打了。"

经理对这个女孩产生了浓厚的兴趣,问:"如果你没被录取,我打电话,你想知道些什么呢?""请告诉我,在什么地方我不能达到你们的要求,在哪方面不够好,我好改进。""那两块钱……"女孩微笑道:"给没有被录用的人打电话不属于公司的正常开支,所以应该由我付电话费,请您一定打。"经理也笑了:"请你把两块钱收回,我不用打电话了,我现在就通知你:你被录用了。"

有人问:"仅凭两块钱就招了一个没有经验的人,是不是太感情用事了?"经理说:"不是。这些面试细节反映了她作为财务人员具有良好的素质和人品,人品和素质有时比资历和经验更为重要。第一,她一开始便被拒绝,却一再争取,说明她有坚毅的品格——财务是十分繁杂的工作,没有足够的耐心和毅力是不可能做好的;第二,她能坦言自己没有工作经验,显示了一种诚信,这对搞财务工作尤为重要;第三,即使不被录取,也希望能得到别人的评价,说明她有反省力,她可以不把每项工作都做得很完美,我们能接受失误,却不能接受员工自满不前;第四,女孩自掏电话费,反映出她公私分明的良好品德,这更是财务工作不可或缺的。"

在招聘的过程中如果识人不慧,糟糕的结果是什么?把本来合适的应聘者放走了。那比这个更糟糕的结果是什么?是把能力不合适的求职者选进了自己的团队。由此可见,管理者识别人才的能力有多重要。

假如你想成为立于不败之地的领导者,你首先应是用人的高手。人才是团队发展的第一利器,管理者重用一个人才就有可能搞活一个团队。将选人放在第一位,"选对人"比"做对事"更为重要。

在"赛马"中"相马"

相传尧帝为部落联盟的首领时,要求各部落首领推举继承人,大家推荐了舜。舜出身民间,为了考察舜,尧把自己的两个女儿嫁给舜,以观察他怎样治家;又叫几个儿子和舜一起生活,以观察他怎样待人接物,最后又让舜管理国家事务。这样考验了舜三年后,尧十分满意。尧死后,传位于舜。舜励精图治,全国呈现出一派欣欣向荣的景象。

舜老后,用同样的方法考验禹,经过治水考验,禹成为继承人。

尧、舜帝考察人才的方式,就是在实践中考察人才的方式。因此,经考察后选择出来的继承者的确德才兼备,将天下治理得井井有条、欣欣向荣。

这就是所谓的在"赛马"中"相马",帮助团队找到最合适的人才。任何竞赛的背后,都是对参赛者实力的考察,也是参赛选手实力的证明。唯有实力高人一等,才能拿到冠军。

不单纯用"相马制",这是因为,管理者不会总能看准人才,看走眼的时候也非常多;管理者的精力有限,不可能给特别多的人才表现的机会。在相对标准的录用方法下,管理者招聘到的员工需要在实际工作中采取"赛马制",让"千里马"脱颖而出。

真正的实力派选手从来不惧怕比赛,唯有比赛,才能表现出自己的实力。但是,有能力却不去做,就相当于能力没有发挥,其结果无异于没有能力。在企业中选用人才同样如此,人才的判定不仅仅看一个人有没有能力去做某件事,还要看他是否情愿去做。人才的选拔是动态的比较过程,而非静态的衡量过程。

在"赛马"的过程中"相马",实践才是检验人才的最重要标准。所以,在挑选人才的时候,不应该仅仅是"赛马",能力测试是一个"赛马"的过程,而心态检验是相马的过程,在"赛马"中"相马",才会选择最适合的人才。"千里马"不仅是"赛"出来的,还是"相"出来的。

但现实中有些"伯乐"因受知识、经历、素质的局限,选中的非但不是"千里马",反而是"病马""劣质马"!由此,海尔集团提出了"'相马'不如'赛马'",即选拔人才不能仅靠印象、感觉去"相马",要像"赛马"一样,让员工在实际的岗位上、工作中竞争,最终脱颖而出的才是人才。

海尔集团的用人理念是"人人是人才,'赛马'不'相马'",你能够翻多大跟头,就给你搭建多大的舞台。海尔集团的人力资源开发自一开始就严格遵循这一理念,人力资源开发中心不是去研究培养谁、提拔谁,而是研究发挥人员潜能的政策和机制。在海尔,各类招聘方式的运用,为"赛马"提供了一个舞台。

当员工被海尔录取后,并不是就万事大吉了。对于刚入厂的新员工来说,工作不是给他分配的,而是通过竞争获得的。新员工报到后会接受半年的培训,培训合格后,全部岗位竞争上岗。集团将组织一次大型的内部招聘会,新员工可以根据半年来自己对企业的了解和对自己的了解,结合自己的职业生涯设计,选择合适的岗位报名应聘。此举对集团内的各个事业部和新员工都起到了很好的促进作用。对各个事业部来说,他们会创造更好的竞争氛围,以吸引优秀的人才;对新员工来说,需要更好地完成培训和实习,为竞争适合自己的岗位增加砝码,同时也有了更多选择的空间。

同时,在海尔,每周都会有一次内部人才流动招聘会,综合业绩排序前30%的员工都可以竞争报名,应聘相应的岗位。正如海尔的理念:"拆掉企业内部的墙,把企业经营成一条快速流动的河"。

经过海尔内部的平等竞争,有能力的新人很快就能实现自我价值,人才也能很快就被"赛"出来。"赛马"比"相马"在用人机制上有着无法比拟的优势,并保证人才辈出。由此可知,企业最可信赖的人才选拔方式,就是在实践中观察、发现和培养人才。

当然,在"赛马"中"相马",这种方式需要漫长、持续、稳定、艰苦的努力,但是因为它依赖的是一贯的业绩和可靠的行为,所以是最值得信赖的。

因此,在选用人的过程中准确识人,并在实践中考察人,两种方式并举,既要"相马"又要"赛马",才能得到最合适的人才。

寻找团队的"潜力马"

"伯乐相马"的故事经久流传,就是"千里马常有,而伯乐不常有",不少人才都发出这样的慨叹。

从千千万万的人中选聘合适的人,对管理者而言并不是一件轻松的事情。虽然每年的毕业生数以万计,劳动力市场仍然是供大于求,但真正找到自己中意的人才恐怕要费一番周折。

作为对团队发展负责的管理者,必须寻觅和识别优秀的人才为己所用。历史上的"伯乐"是怎样做的呢?

春秋时期的孙阳对马的研究非常出色,人们便称他为伯乐。

一次,伯乐受楚王的委托,购买能日行千里的骏马。伯乐跑了好多地方，没发现中意的良马。一天，伯乐从齐国返回，在路上看到一匹马拉着盐车，很吃力地在陡坡上行进。马累得气喘吁吁，每迈一步都十分艰难。伯乐对马向来亲近，不由走到跟前。马见伯乐走近，突然昂起头来瞪大眼睛，大声嘶鸣，好像要对伯乐倾诉什么。伯乐立即从声音中判断出，这是一匹难得的骏马。

伯乐对驾车的人说："这匹马在疆场上驰骋，任何马都比不过它，但用来拉车，它却不如普通的马。你还是把它卖给我吧。"

驾车的人认为这匹马实在太普通，拉车没气力，吃得又多，还骨瘦如柴，毫不犹豫地同意卖给伯乐。伯乐牵走了这匹马，来到楚王宫，拍拍马的脖颈说："我给你找到了好主人。"这匹马抬起前蹄，引颈长嘶，声音洪亮，如大钟石磬，直上云霄。楚王听到马嘶声，走出宫外，看到马瘦得不成样子，有点不高兴。

伯乐说："这确实是匹千里马，不过拉了一段车，又喂养不精心，所以看起来很瘦。只要精心喂养，不出半个月，一定会恢复体力。"

楚王一听，将信将疑，不久之后，马变得精壮神骏。楚王跨马扬鞭，但觉两耳生风，片刻之间已跑出百里之外。

管理者要做一个知人善任的伯乐，就要学习伯乐"识马"的能力。作为"伯乐"，要具备"相马"的技能，需要从无名之辈中发现贤才，从石头堆里寻到珍宝，善于发现那些有发展潜力的人。

不少优秀的团队管理者都深谙此道，成为优秀的"伯乐"。凤凰卫视的选人原则就是"有眼识得金镶玉"，这里的"金镶玉"就是未遇伯乐的千里马。凤凰卫视的管理者正是靠着敏锐的眼光，发现了不少具有潜力、潜质、潜能的人才。

因为在众人中挑选那些有潜力的员工是一项非常艰巨的任务，管理者要跳出用人识才的误区，较快地识别应聘者的潜能。

值得注意的是，有发展潜力的人大多是尚未被发现的人才。他们在公开场合获得表现的机会极少，有潜能的人虽然未曾被人发现，但是他们可能处于成长发展阶段，有的甚至处在成才的初始时期。既然是人才，就必然具有人才的先天素质：或有初生牛犊不怕虎的胆略；或有出淤泥而不染的可贵品格；或有"三年不鸣，一鸣惊人"之举；或有"雏凤清于老凤声"的过人之处。一位善识人才的"伯乐"，正是要在"千里马"无处施展潜力之时识别出其与众不同之处。

怎样才能找到优秀的人才呢？其实，在我国古代，就已经有人在选贤任能方面做了一番探索。

春秋战国时期，魏文侯请老臣李悝对他初步拟定的两位宰相候选人提出任用意见。李悝表示，宰相是君主的主要助手，应由魏文侯自己而不是别人酌定。他提出了一些参考性衡量标准供魏文侯考察比较，即所谓"识人五视"：

一、居视其所亲。看他平时生活起居亲近哪些人。因为物以类聚，人以群分。

二、富视其所与。富裕时他是怎么花钱的。是个人贪图享乐、花天酒地，还是广散钱财，招贤纳士。

三、达视其所举。身居高位有权势时推举重用什么样的人。是个人的酒肉朋友、七姑八姨，还是不论亲疏，举贤荐能。

四、穷视其所不为。交厄运时能否坚守信念，不拿原则做交易。

五、贫视其所不取。处于贫困境地时能否洁身自好，不取不义之财。

通过这些标准选拔上来的人，就是君主所需要的人。

现今，团队的"伯乐"们如何在人群中搜寻到团队所需要的人，也必须坚持自己的标准。团队的规模、行业、发展阶段不一样，所选用人才的标准也不一样。但毋庸置疑，管理者必须努力寻找团队的"潜力马"，使之能发展成为团队的"千里马"。

尊重每个优秀的人才

尊重人才，才能选聘到优秀的人才，这也是不少企业获得高质量人才青睐的重要原因。

微软中国研究院首任院长李开复曾说，微软在大学生中不乏"追求者"，但他从不把向他提交简历的学生看作在恳求他。事实相反，他就是为了寻求他们（能够成为微软雇员的人）、吸引他们、留住他们、发展他们。所以严格来说，是微软在求他们，而不是他们在求微软。

在我国历史上，不少管理者就深谙此道，他们尊重人才，将优秀的人才吸附在自己周围，最终依靠人才打得天下。刘邦就是这样优秀的管理者。

韩信是帮助刘邦夺取天下的主要功臣之一，在楚汉战争中起着至关重要的作用。但在他被刘邦重用之前，也曾因为得不到重用而出走。据《史记·淮阴侯列传》及《汉书·韩信传》的记载，韩信是淮阴人，不仅出身不好，年轻的时候品行也不怎么好，他唯一的优点就是精通兵法，并且胸怀大志。

韩信曾投到项梁部下，但都没有受到重用。一次，韩信由于触犯军法而被判处斩刑，同案的十三人均已行刑问斩。轮到韩信时，他抬头仰视，正好看见腾公，便大声说道："汉王不想成就夺取天下的大业了吗？为什么斩杀壮士！"

腾公见韩信出言不凡，且相貌威武，便释放了韩信，免他一死。此后，腾公向刘邦举荐了韩信，韩信于是被任命为治粟都尉，负责管理全军的粮饷。韩信对于治粟都尉这个职位并不满意，觉得自己在这里没有用武之地。他思来想去，最终决定出逃，另寻可以实现抱负的地方。

刘邦的宰相萧何在得知韩信出逃的消息后，立即乘马去追赶韩信，好不容易把韩信给挽留了下来。在追回了韩信之后，萧何向汉王刘邦阐述了他极力挽留韩信的原因。他说：

"大王，那些逃亡的将领，都是容易得到的人；至于韩信这样的杰出将才，普天下找不出第二个来。大王如果是想长久地称王汉中，韩信确实派不上什么用场；如果是想争夺天下，那么韩信就是和你共商大计的不二人选。"

汉王听了萧何的一番陈述之后，恍然大悟，立即派人召见韩信，要将他拜为大将。萧何赶忙阻拦，并对刘邦说，要想留住像韩信这样的能人，必须表现出对这个人才的尊重。于是汉王选择了一个良辰吉日，事先斋戒，为韩信举办了一场盛大的拜将仪式，封他为"大将军"。

这样一个拜将仪式，不仅显示了韩信所受封的"大将军"的地位非常崇高，也让韩信感受到了自己的价值，从而让刘邦成功地将他留在了身边，为日后汉王的称霸天下获取了重要的人才储备。

从这个典故我们看到，有才能的人最大的愿望就是发挥自己的才能。作为一个领导者，应该给那些有能力的人最适合的高位，这才是对他们最好的尊重。

如果管理者能礼贤下士，优秀的人才也会感受知遇之恩，为企业的发展尽心尽力。

冯·诺依曼是美籍匈牙利人。1929年，年仅26岁的他接到了美国普林斯顿大学的一封客座教授聘书，并承诺如果他愿意留在美国定居，将增加薪金并在一年以后聘他为正式教授，这意味着更加优厚的研究条件和待遇。此时的他，不过是德国汉堡大学的一个兼职讲师，不过这并不是因为他水平不够，恰恰相反，此时的他在学术界已经声名鹊起。但当时德国的大学学术体系更在乎资历和行政官员的评价,毫无疑问,博士毕业仅仅三年的诺依曼很难有大的发挥空间。

于是诺依曼欣然接受邀请,远赴美国,并与爱因斯坦一同成为普林斯顿大学高级研究院的首批教授。在其后来的学术生涯中,他创造性地提出"二进制"和"程序内存"思想,被称为"计算机之父",并为美国的经济建设做出了突出的贡献。

冯·诺依曼的经历告诉我们,人才往往会向往更大的发展舞台。所以说,团队的管理者们在制定招聘吸引人才的战略时,除了要提供好的福利待遇、优越的工作环境外,更重要的是要能给予人才更大的发展舞台。

而且,管理者在选拔人才时,要注意别被所谓的工作经验、资历,或者是别人的评价等外在因素蒙住双眼,只有真正地了解每个人才的实力,才不会让人才白白地从眼前溜走。

一个不懂得尊重人才的团队是没有前途的,尽管可能暂时处在发展的黄金时期,但终会因管理者的"有色眼镜"而吃亏。

第八章

激发斗志：
让你的员工"激情燃烧"

让员工成为"鸡血战士"

"人很多,人才不多",这是很多团队的尴尬现状,也是团队发展的阻碍。团队管理者迫切希望团队多一些"鸡血战士",以积极热情的态度投入工作中,成为推动团队发展的有效动力。

著名心理学家马斯洛在《动机与人格》一书中,将目标明确、实干、奋斗、雄心勃勃的人归纳为自我实现者。他们工作的动机就是为了发展个性,他们活跃的思维和创造力常被人们看作天赋。但马斯洛却根据大量临床试验的数据推演出:创造力和活力对所有人来说都是与生俱来的一种潜力,只是大多数人随着对社会的适应而丧失了它。

很多在大学时代激情澎湃的年轻人,一旦进入实战的社会,很快就变得茫然无措或者盲目适应,成为一颗没有自主能力的水滴,稀里糊涂地耗掉人生最好的时光。做人是积极拼搏还是随波逐流？这从来不是一个问题，几乎所有的人都会选择后者；但真正这么做的，却少之又少！

"李娜，为什么不向上司建议，实施你那个大胆的想法呢？我看很不错。"

"哦，不，这几天我想了想，还是按照总监的方案执行吧。即便那头笨驴的计划是如此愚蠢，但至少可以保证责任不在我这边！"

显然，李娜可能是个有丰富创造力的人，但她最大的目标却只是不要犯错。保住现在的工作，对她来说就很满足了。可是她没有意识到，这只能让她持续沉溺在平庸的状态，精彩是不会属于她的，虽然她不甘心。

"你是否正在消耗自己的激情？"这个问题对团队的员工非常重要，管理者要设法让员工清楚自己的人生目标，让自己的一切选择和行为都为之服务。不能主动掌控自己人生的人，一辈子都不知道自己要干什么、干了些什么，就像开车的司机，向左转还是向右转，他的头脑中没有判断，总是需要别人指点。他是一个被动的司机，掌握不了自己的方向盘。

美国著名创业研究专家劳埃德·谢洛德与大量创业家、企业家、管理者有过接触，他们大多具有超强的体能和毅力。但谢洛德认为，他们旺盛的精力和创业的素质并不应被区别对待，这些素质即使婴儿也可以具备："如果你见过婴儿爬到不该爬的地方，你就会知道他们是毫不畏惧的。"这种无所畏惧，来源于人们对自我实现的渴望。

充满激情的人总有用不完的精力，而那些商务精英往往也以不知疲倦的形象出现，生活在高压之下，而且似乎不大生病……他们的旺盛精力是天生的吗？究竟是什么让他们如此生机勃勃？

大凡成功人士都具备这样一种认识，他们更加看重自己所做的工作能给自己带来什么成长和机会。实现自我、不断突破自我，是他们成为激情人士的最大动力。赛场上的最终胜利者不一定是起跑最快的人，却是那些有强烈的成功欲望的人，是那些能够激情燃烧的"鸡血战士"。

事实上，能够将积极主动的态度转化为一种恒久坚韧的个人品格的人太少了，而这恰恰是避免人生陷入平庸的关键！

总是被动地面对命运的安排，不能勇敢地接受挑战，也不能寻找和把握摆脱不佳现状的机遇，人就会逐渐染上颓废和沮丧的慢性疾病，在被环境改变了内心颜色之后，最终接受现实，过着一种"人在江湖，身不由己"的生活。

正如爱默生所说："坐在舒适软垫上的人容易睡去。"被动等待的想法使得很多人在生活中习惯于观望和等待，只有让自己成为"鸡血战士"，才能让自己和团队有些好运气。

如果一个人不仅能够出色地完成自己的工作，而且还能够借助于极大的热情、耐心和毅力，将自己的个性融入工作中，令自己的工作变得独具特色、独一无二，带有强烈的个人色彩并令人难以忘怀，那么这个人就是一个真正的艺术家。而这一点，可以用于人类为之努力的每个领域：经营旅馆、银行或工厂，写作、演讲、做模特或者绘画。将自己的个性融入工作之中，这是具有决定性意义的一步，是一个人打开天才的名册，将要名垂青史的最后三秒钟。

当员工能够积极主动地燃烧自我，充分发挥自己的能量的时候，他的价值就能得到体现。成为"鸡血战士"，靠的是不断战胜和超越自我的决心和勇气，并将这种决心和勇气付诸实践。

人是一个复杂的矛盾体，既有求发展的需要，又有安于现状、得过且过的惰性。能够卧薪尝胆、自我警醒的人少之又少。更多的人需要鞭策和当头棒喝式的促动，而管理者需要做的就是激发员工的热情，让他们燃烧自我，成为真正的"鸡血战士"。

投入100%的激情

团队管理者希望自己的员工具有这样的表现：视热情如同生命，毫不保留，有多少力出多少力，要做就做最好的，哪怕是1%的小事也要将100%的热情投入其中。唯有如此，团队的发展才会因为这群充满激情的人而充满活力与生机。

热情是激发工作动力的熊熊烈火。用100%的热情去做1%的事情，员工可以在自己的职业生涯中完美起飞，团队也会因此而不断走向成功。

人一旦有热情就会受到鼓舞，鼓舞为热情提供能量，工作也因此充满乐趣。即使工作有些乏味，只要善于从中寻找意义和目的,热情也会应运而生。而且,当一个人对自己的工作充满干劲儿时,他便会全身心地投入工作之中。这时候,他的自发性、创造性、专注精神就得以体现出来。

在 NeXT 公司的时候,乔布斯对细节和完美的追求近乎疯狂。他在决定 NeXT 机箱外该使用何种黑色颜料时,不厌其烦地比对几十种不同的黑色颜料样本,又几乎对每种都不满意。这把负责机箱制造的员工折腾得苦不堪言。

他还要求工程师把 NeXT 机箱内部的电路板设计得漂亮、吸引人。工程师不解地问:"电路板只要清晰、容易维护就好了,为什么要吸引人呢?谁会去看机箱里的电路板呢?"

"我会。"乔布斯说。

事实证明,一个人能够在工作中创造出怎样的成绩,很大程度上取决于他是否具备热情。一个人只要竭尽全力,即使他所从事的只是简单平凡的工作,即使外界条件并不有利,他仍然可以在工作中取得骄人的成绩。

一个人无论从事何种职业,无论平凡还是备受瞩目,都应该全心全意、充满热情,这不仅是工作的原则,也是生活的原则。很多人工作没有做好,遭到老板批评,还一副委屈的模样:"我已经尽力了啊!"殊不知,做任何事情要想获得好的结果,就不能仅仅尽力而为,而必须全力以赴才行,在每件小事上投入 100% 的热情。

弗兰克·帕特在做人寿保险推销工作之初业绩平平。这时,卡耐基的一句话点醒了他,卡耐基说:"弗兰克·帕特先生,你毫无生气的言谈怎么能使大家感兴趣呢?"于是,他决定以自己最大的激情来做推销员的工作。

有一天,弗兰克进了一个店铺,怀着极大的热情试图说服店铺的主人买保险。店主人大概从未遇到过如此热情的推销员,只见他挺直了身子,睁大眼睛,一直听弗兰克把话说完,而且最终没有拒绝弗兰克的推销,买了一份保险。从那天起,弗兰克的推销工作才算真正开始。

毫无生气的语言,足以使得一个保险推销员业绩惨淡。每件小事,都是能够影响我们工作成果的大事。一个对自己工作充满热情的人,无论在什么地方从事何种职业,都会认为自己所从事的是世界上最神圣、最崇高的职业;无论工作的困难多大,或是要求多高,他都会一丝不苟、不急不躁地完成它。

给员工"提气"

团队的管理者需要为自己的员工"提气",从各个方面鼓励员工保持自己的理想并充满干劲儿地去实现理想。

"胸中有了大目标,泰山压顶不弯腰"。小草有根才能发芽,人只有志向高远才能取得大的成就。管理者必须看到这一点,以员工自身的目标定位,处处给员工打气。

高尔基曾说:"一个人追求的目标越高,他的能力就发展得越快,对社会就越有益。"一个人只有树立远大的理想和目标,才有可能去为之奋斗,去实现自己的理想,才有可能突破现在能力的局限,走向成功的彼岸。

马云在早年接受采访时说过这样的话:

"奋斗的动力是什么?不是财富。我是经营商业公司的人,对钱很喜欢,但我用不了,我不攒钱,我没有多少钱。从大的方面说,我真的就想做一家大的世界级公司,我看到中国没有一家企业进入世界500强,于是我就想做一家。如果我早生10年,或是晚生10年,那么我都不会有互联网这个机会,是时代给我这个机会。在制造业时代,在电子工业时代,中国或多或少都错过了一些机会,而在信息时代中国人有机会,我们刚巧碰到这个机会,我一定要做,不管别人如何说,我都要做下去。

"我觉得中国可以有进入500强的企业,我们学得快,在这个过程中,勇者胜,智者胜。从小的方面说,既然出来了,那么就得做下去。89元的工资我也拿过,再过10年,可能我连平均生活水平都达不到。我不喜欢玩儿,有人为了权力,有人为了钱,但我没有这种心态。说实话,为自己,为这个国家,为这个产业,一个伟大的将军,不是体现在冲锋陷阵的时候,而是体现在撤退的时候。网络不行的时候我真正体会到了如何做企业,2000年以前,我没有做企业的感觉,而现在我觉得自己是在做企业,而不是做生意。"

诚如马云所言,小虾米一定要有个鲨鱼梦。希望越大,责任就越大,动力也越大。既有高远志向,又要有切实的努力过程,这是一种人生智慧,也是一种人生态度。现实社会中的很多人都在立志，但是不敢立大志，对自己缺乏足够的信心。管理者应该让自己的员工深信不疑，志当存高远，要立志就要立大志。俗话说："有志者事竟成"，只要我们有坚定不移的奋斗目标，相信终有一天，我们能够实现它。

对于有潜质的员工而言，管理者必须时时关注，并且适时地给予鼓励。以下的方法，可以帮助你的员工成为你所期待的"中心员工"。

1. 让他学会推销自己

成功地推销自己，是自身价值得到证明的前提，所以他要有自我推销的意识和勇气。一定要主动打开心门，不可坐在房内等待上帝驾云而至。

2. 让他时常告诉自己："我是谁，我应该得到什么"

下面是一些积极的主张，他可以将这些主张用于自己日常的工作中，并把它作为基本原则贯彻执行。要求他在一个月的时间内每天将这些内容读五遍，保证他会感到自己以及自己的境遇发生了改变：

（1）不管头衔和职位如何，我像公司中的每个人一样重要。

（2）我有被礼貌对待和受到尊重的权力。

（3）我是独一无二的人，我对公司做出了一定的贡献。

（4）我有自己的事业和生活。

（5）我选择健康的态度和意见。其他人的态度和意见只能代表他们自己。

（6）我只是一个人，每次只能做一件事情。

（7）我有权力过和谐的生活，生活中并不全是工作。

（8）我有权力说"不"。

（9）个人成长和过上幸福生活是我的头等责任。我对自己照顾得越好，就会对公司和其他人付出越多。

（10）我完全有能力应付工作上的事。

（11）除了当前的工作，我能够选择更多。

（12）我有犯错误的权力。

（13）今天我支持自己。

这些积极的主张也许还没有改变你的生活，但它至少是一个好的开始。正如人们经常说的那样，态度决定行为。如果你的员工打算改变自己的生活，他必须先改变自己的思维方式。

以百米赛跑的速度奔跑

《瓦尔登湖》的作者亨利·戴维·梭罗说过："一个人如果充满激情地沿着自己理想的方向前进，并努力按照自己的设想去生活，他就会获得平常情况下料想不到的成功。"激情者总是听得到内心的声音，而且跟着走，他们能分辨对激情不利的因素，并努力消除倦怠的因素。如果你已经开始对工作产生倦怠情绪了，那么，你就应该遵循内心的声音，追求你想要的工作状态与工作目标，从倦怠中解脱出来。

当帕克刚开始成为一个职业棒球运动员时，就遭受到了一次很大的打击。他被球队开除了，原因是动作无力、没有激情。球队经理对帕克说："你这样对职业没有热情，不配做一名棒球职业运动员。无论你到哪里做任何事情，若不能打起精神来，你永远都不可能有出路。"

后来，帕克的一个朋友给他介绍了一支新的球队。在加入新球队的第一天，帕克做出了一生最重大的转变，他决定要做美国最投入的职业棒球运动员。结果证明，他的转变对他具有决定性的意义。帕克在球场上，就像身上装了马达一样，强力地击出高球，接球手的手臂都被震麻木了。

有一次，帕克像坦克一样高速冲入三垒，对方的三垒手被帕克的气势镇住了，竟然忘记了去接球，帕克赢得了胜利。在一次次的比赛中，他的球技好得出乎所有人的想象。帕克的状态也感染了其他队员，大家都变得激情四溢。最终，球队取得了前所未有的佳绩。当地的报纸对帕克大加赞扬："那位新加入的球员无疑是一个霹雳球手，全队的人受到他的影响，都充满了活力，他们不但赢了，而且他们的比赛成为本赛季最精彩的一场比赛。"

帕克在刚开始成为棒球手时，并没有投入激情，他因为先前的打击不能去证实自己内心对成功的渴求。但是，当他来到新的球队，下定决心做一个最投入的职业棒球运动员的时候，激情赋予了他无限能量。

不难发现，其实所谓始终以百米速度奔跑，无外乎隐含了两个关键词：一个是努力，一个是坚持。努力是竭尽全力的努力，坚持是锲而不舍的坚持。无论是在工作还是生活中，成功的过程都漫长而艰苦，"努力"提供了速度维度的保障，"坚持"提供了时间维度的保障。

创新工场董事长李开复在攻读博士学位时，通过自己的努力把语音识别系统的识别率从以前的40%提高到了80%，学术界对他的工作给予了充分的肯定。当时，他的老师认为，只要把已有的结果加工好，写好论文，几个月之内他就可以拿到博士学位了。

但是，李开复不但没有放松，反而更加抓紧时间研究攻关，甚至为此推迟了他的论文答辩时间。那时候，他每周要工作7天，每天工作16个小时。这些努力没有白费，它们让李开复的语音识别系统更进一步——识别率从80%提高到了96%。在李开复毕业之后，这个系统多年蝉联全美语音识别系统评比的冠军。

如果李开复当时在80%的水平上止步不前，骄傲自满，而不去做得更多更彻底的话，他或许也就不可能取得今天这样辉煌的成就了。

世界著名企业家杰克·韦尔奇说过："干事业实际上并不依靠过人的智慧，关键在于你能否全心投入，并且不怕辛苦。实际上，经营一家企业不是脑力工作，而是体力工作。"

要让优秀的员工始终以百米赛跑的速度驰骋在职场的跑道

上，管理者要明确地告诉员工自己对于他的期望，让他为自己争取每一个成长与提升的可能。

激发员工的工作热情

"审美疲劳"原本是美学术语。具体表现为对审美对象的兴奋减弱，不再产生较强的美感，甚至对对象表示厌弃。

爱情中存在审美疲劳的现象：再漂亮的美女，看久了也会失去视觉刺激。工作也有"审美疲劳"，长期处在同一领域，每天都要大量地接受相同的信息，难免会产生厌烦感以及心理上的疲劳，从而失去最初的新鲜感，感到乏味、枯燥，提不起精神，引发职场倦怠症。

常有人形容公司职员有所谓的"三天""三个月"和"三年"这三个关卡。也就是说，上班三天，便会心想："原来公司不过如此！"原本的幻想在此时几乎烟消云散。三个月时，对公司的状况与人事都已熟悉，被交付的工作大概也都可以应付，便开始进入东嫌西嫌的批评阶段。从上司说话的态度到办公室的布置，总有能挑出毛病的地方。经过三年之后，差不多也可以独当一面了，如果这时还觉得这份工作不适合自己，那么大可以一走了之。

从以上三个"关卡"可以看出，一般员工在经过最初的摸爬滚打之后，最容易产生消极的思想，认为自己这辈子已经步入一个既定的轨道，不再有种种年轻的冲动与欲望，只要安分守己、按部就班地走下去就可以了。甚至有的人开始对工作产生不满、应付的心理。

实际上，一般情况下，产生职业审美疲劳的原因是由于长期的重复性劳动，对于工作本身的厌倦感，已经使自己无法对自身的工作成果产生主观上的满意，即职业满意度不足。在没有足够的职业安全感的状态下，职业动机变得模糊，进而产生审美疲劳。

当你的员工出现"审美疲劳"的信号时，身为管理者就应当对此重视起来。不要把自己的员工托付给一份令人犯困的工作。采取一些行动，才能唤起工作的活力。

凤凰卫视著名主持人间丘露薇说："我一直抱着踏实的实习生心态去做这份工作，完全没有优越感，我从来不在乎比别人付出更多的精力。"

间丘露薇从复旦大学哲学系毕业后，到香港成为一名新闻主播，进而跃升为知名的电视记者，她是第一位三进三出战火纷飞的阿富汗的华人女记者，促使她成功的是一路的艰辛汗水和她永不疲倦的"实习生"心态。

间丘露薇加盟电视台后，同行们不得不承认她的工作活力。她每天早出晚归，坐公交车上班，劳作一天后，"打的"回家算是对自己一天辛苦工作的奖赏。间丘露薇所持的就是那种"实习生"心态，而且一直保持下去。

2001年10月，阿富汗战争爆发。"谁愿意去阿富汗？"面对上司的发问，大家正在犹豫之际，闾丘露薇第一个举手了。凤凰卫视的高层欣赏她的勇气，派她远赴战火中的阿富汗，而她也因此一举成名，成为华语传媒中的记者明星，被称为"战地玫瑰"。

对于工作，不仅需要低姿态进入，更需要保持一份最初的好奇心。这是闾丘露薇对待自己工作的态度。

如果你能想办法为员工注入新的活力，想办法往工作里面"加"点糖，或者根据个人口味，"加"适量葡萄干、菊花茶等新鲜的激情元素，还怎么会产生审美疲劳呢？

告别"内卷化"

美国人类文化学家利福德·盖尔茨在20世纪60年代末提出了"内卷化效应"，它是指一种社会或文化模式在某一发展阶段达到一种确定的形式后，便停滞不前或无法转化为另一种高级模式的现象。

思想观念的故步自封使得打破内卷化模式的第一道关卡就变得非常难以攻破。很多人怨天尤人或者安于现状，对职业没有信念，对前途缺乏信心，对内卷化听之任之，工作从此停滞不前。

在风靡全世界的《气场》一书中，瑞恩就是一个让自己的工作陷入"内卷化"的人。

瑞恩在休斯敦城郊区的小型牛奶工厂工作十年了，如今他32岁。在他看来这段光阴也就是一晃眼的工夫，仿佛躲在山隙睡了一小觉，豁然发觉世界已面目全非，他自己也已告别青春。而他还是没有什么成绩,依旧是拿着最低薪水的普通挤奶工,一个人要对付几十头奶牛。

这十年中,瑞恩的工作状态是怎样的呢?

他每天都在浪费时间,听天由命。这反映他在轻率而低效地对待工作,很少认真思考诸如"我需要什么和我应该怎样改变现状"这样的问题。

"瑞恩太小心谨慎了,他认为放弃现在的工作是一种巨大的冒险,他不敢让生活做出些必要的调整。"同事说。

我们身边到处都能发现像瑞恩一样亦步亦趋的"生活保守主义者",他们全身都散发着"害怕犯错"的气味,很少主动迈步,只依赖于被一根绳子牵引着,按照不容易跌倒的稳妥方式小心翼翼地往前走。他们的气场都是凝固而僵化的,"大众化,世俗化,普通的水分子……"随便怎么形容,总之,让人一看就索然无味,提不起兴趣。

这样的结果是可怕的,一旦陷入这种状态,我们的工作就如同车入泥潭,原地踏步,裹足不前,无谓地耗费着有限的资源,重复着简单的脚步,浪费着宝贵的职业生命。它会让人在一个层面上无休止地内缠、内耗、内旋,既没有突破式的增长,也没有渐进式的积累,陷入一种恶性循环之中。

工作陷入内卷化的人迫切需要改进观念,而那些成功人士也要理念更新,否则内卷化的后果往往更为严重。分析个人的内卷化情况,根本出发点在于其精神。如果一个人认为这一生只能如此，那么命运基本上也就不会再有什么改变，就此自怨自艾；相信自己还能有一番作为，并付诸行动，那么可能大有斩获。

瑞恩决定做出改变。他找到了一份牛奶销售助理的职位。对他而言，这份工作驾轻就熟，而且他拥有得天独厚的优势：他熟悉牛奶的加工过程、奶牛的健康状况乃至奶牛是如何将饲料转化为一滴滴乳白色的牛奶的。他说起这些来头头是道，很容易令客户折服。好的开始不但会形成良好的惯性，更重要的是会改变一个人的整体气质。半年不见，朋友眼中的瑞恩就像完全变了一个人。

以前他很少穿西装或其他光彩鲜亮的衣服，大大咧咧，好像自己不管何时何地都应该是挤奶工人的扮相，除非老板和父母命令他穿得干净些。但现在，他已是穿衣搭配的好手了。

他擅长说话，而且用词新颖，语气幽默，这在以前不可想象。那时他是牛奶工厂公认的"哑巴"，在异性面前不仅说不出话，还会因过度紧张导致呼吸困难。

如果不是他主动自我介绍，一位老朋友差点不敢上前跟他打招呼，是那位"独一无二的小丑"吗？这位老朋友在全新的瑞恩面前，竟然有了一丝自卑感。

从落魄的困境到得意的风光之巅，需要迈过几个台阶呢？看似遥远而悬殊的境界，其实我们只要改变一下心态就可以。

对于员工来说，主动做事，做好事，对于自己的能力与经验的提升也就越有利，更容易实现自己的人生价值。

一个人要想在工作中摆脱内卷化状态，就要先确信自己是否还有上进的志气。如果有，再看看自己的实力是否坚实。精益求精，发挥极限，这样才能最大限度地提升自己。只有充分地发挥自身力量，才能突破和创新，才能在未来的发展中发挥出巨大潜力。

把激情投入工作中

一个人成功的因素有很多，而居于这些因素之首的就是激情。激情能带领一个人迈向成功。把激情注入自己的工作中，是引导与支撑梦想实现的一种成功模式。

但是，如何开始创造这个奇迹，如何成为激情者呢？美国作家贝弗力·凯为我们制订了一个激情计划。这项计划始于激情，最后迈向最终目标。最终目标指的是，梦想和建立更美好生活所追求的极限，它反映的是你最远大的目标和最深层的欲望。简单地说，最终目标是一生中最大的愿望。

这个计划分为以下六个步骤：

步骤一：从内心出发

迈出第一小步总是最难的。坦诚和接受这样的内心思想。我们必须先克服对感情和欲望的成见，并且肯定它们具有无比的威力。我们必须跨越自己所画的框框，如恐惧、怀疑、不安全感，才能放手拥抱我们的潜能。

步骤二：发掘激情

发掘激情，包括接触可以激发激情的事物，辨识伴随而来的感受。发掘是一种渐进的过程，可能找到已被遗忘的激情和发掘新的激情，或确认目前已感受到却不了解的激情。在这个过程当中，你必须面对自己的弱点——自我怀疑、恐惧，找到让激情燃烧生命的勇气。

步骤三：明确目的

一旦发现和确定自己的激情后，必须弄清楚发挥激情的目的所在，是追求名利、个人成长，还是丰富人生、追求世界和谐，你所确定的目的，将决定你追求激情的方式，也将提供执行激情计划的理由。

步骤四：规划行动

在确定目的后，需拟定行动计划，确定采取哪些行动来实现目的。或许有人会认为，激情是一股不受限制、自然发生的力量，似乎不可能跟着计划走。的确，激情的威力强大无比，但为了让它生生不息，需要赋予它一个结构，借着激情的扩大，可增强激情的威力。

行动计划必须涵盖生活或事业的不同层面。这不是让你按部就班地执行一连串步骤，而是兼顾许多不同领域的一张蓝图。

步骤五：积极推动

一旦拟好计划，下一个步骤就是执行，这个步骤让你的激情开始接受考验。发现、确认激情，并拟好计划后，除非你能将激情融入生活，否则一切都是徒劳。

步骤六：持续追求激情

不管你多么富有激情，执行计划时仍会面临阻碍和挑战。当你面临这些困境时，就回到改变的源头——激情，它会提供你实现目标所需的精力和激励。

如果你忠实于自己的激情，而且严格执行这六个步骤，就可以达到自己所寻求的目标，也可能会有一些意外的收获。因为激情会把一个人带到更高的层次，为他敞开世界、扩大视野。

第九章

合理授权：
事必躬亲不可取，甩手掌柜也不行

千万别一放了之

"为了提高效率和控制大局,上级只保留处理例外和非常规事件的决定权和控制权,例行和常规的权力由部下分享。"这是美国管理学家泰罗提出来的观点。他认为,管理的秘诀在于合理地授权。

毫无疑问,合理授权不仅可以使领导者摆脱能够由下属完成的日常任务,自己专心处理重大决策问题,还有助于培养下属的工作能力,有利于提高士气。但授权从来就不是一件简单的事,团队的领导者必须了解,授权绝不是一放了之。

成功的企业管理者都熟谙授权之道,他们不仅懂得向员工授权,激发员工的积极性,也会从企业经营的高度上关注授权的成果。

詹森维尔公司是一个美国式家族企业,规模不大,但自从1985年下放权力以来,企业发展相当迅速。CEO斯达尔的体会是:"权力要下放才行。一把抓的控制方式是一种错误,最好的控制来自人们的自制。"

斯达尔下放权力的主要方式是由现场工作人员来制定预算。刚开始时，整个预算过程是在公司财务人员的指导下完成的。后来，现场工作人员学会了预算，财务人员就只是把把关了。

在自行制定的预算指导下，工作人员自己设计生产线。需要添置新设备时，他们会在报告上附上一份自己完成的现金流量分析，以证实设备添置的可行性。

为了让每位员工都更有权力，斯达尔撤销了人事部门，成立了"终身学习人才开发部"，支持每位员工为自己的梦想而奋斗。每年向员工发放学习津贴，对学有成效的员工，公司还发给奖学金。自从实行权力下放以来，公司的经营形势大好，销售额每年递增15%，比调资幅度高出整整一倍。

近些年来，很多企业正在经历一场转型，即从以前的一人说了算的集中控制中不断转变方式，以分权和授权的方式进行管理。适当的授权能使下属更加积极地参与企业的运作和管理上来，从而有利于增强企业的竞争力。

松下电器的创始人松下幸之助的话颇耐人寻味："授权可以让未来规模更大的企业仍然保持小企业的活力；同时，也可以为公司培养出发展所必需的大批出色的经营管理人才。"有了这些人才，企业的发展才会如虎添翼，取得更大的成功。

但是，管理者务必明白，授权与单纯分派任务不同。分派任务只是让下属照你的吩咐去做，他是被动的。而授权则是把整个事情委托给他，同时交付足够的权力让他做必要的决定。比如，你要某人去印一个小册子，你就不必再交代一些有关形式、封面、附图方面的详细意见，而是让他自己去选择、决定，相信他会把工作做得很好。

适当放权既能给下属留出发展自己的空间，又能使管理者抽出更多的时间去督导员工的工作，提高整个团队的工作效率就顺理成章了。

授权并非一蹴而就，不能说一句"这件事交给你"就以为完成了授权。授权一事需要授权者和被授权者密切合作，彼此态度诚恳，相互沟通了解。在授权的时候，授权者必须有心理准备，明确授予下属完成任务所必需的权力和责任，使他完全理解自己的任务、权力和责任。做到这些后，就要让接任者依他自己的方式处理事情，不要随意干涉，并且随时给予支持、辅助。

特别强调的是，合理授权并非对下属放任自流、撒手不管。授权者要保留监督的权力，在受权者出现不可原谅的错误时，随时取消他的受权资格。

授权可以发现人才、利用人才、锻炼人才，使企业呈现一种朝气蓬勃、生龙活虎的局面。

随时准备承担授权责任

在任何一个团队，管理者都要承担领导责任。管理者通过工作分解，将一个团队的责任转化为若干任务交给若干下属去完成，但是最终只有自己能对结果负责。打个比方,你的助理接受了一项任务,你让她帮助你做好一些重要社会关系的联络工作,目的是保持人际网络的畅通,但是最终这还是你自己的责任。

有的管理者认为,授权就是一放了之,自己落得清闲。实际上,这并不是有效的授权。授权后,管理者可以站在一旁观看,不干预下属的工作,但随时准备承担授权责任,才能更公正、更有效地提高授权的效果。

授权后事情是交给下属去做了,但责任并不是完全由下属去承担,管理者自己应承担的责任不会同时被授出去。一旦下属在完成任务的过程中出现什么问题,或是预定目标没有实现,管理者也要承担相应的责任。

作为一个管理者,作为被授权者的上司,是需要为事情的结果负责的。如果在需要承担责任的时候玩起了"踢皮球",总喜欢把责任往下属身上推,这势必会引起他们的不满与不服。这不仅不利于事情的有效解决,反而会大大打击下属的自信心,也会影响管理者的个人发展,对团队的发展造成不良影响。

权力永远是与责任和利益相关联的,要让员工在明确权力的同时,也明确责任和利益。只有这样,员工的责、权、利一体化,员工才珍惜权力、正确有效地使用权力,才能最大限度地实现他们的岗位职责,实现授权的真正目的。

为了集中攻克某个新项目,董事长任命项目经理小赵全权负责。同时,为了支援小赵的工作,他还从集团其他部门调来了技术专家老王，并在项目全体管理人员大会上强调："这个项目我已经交由项目经理全权处理，在这里，他代表的就是我。"

但是，问题出现了，老王比小赵的资历更深，要他听一个后生的调动，老王和小赵在工作中不免会有矛盾发生。

这不，他们又一次闹矛盾了，小赵当着众人的面对老王说："你以为没有你我们的项目就要停工吗？告诉你，我们照样可以做得很好，我可不需要一个不听指挥的人。"同时，他决定把技术方面的工作都接手过去。事情到了这个地步，老王也待不下去了，果断选择走人。

董事长知道了这个事情，但他没有让老王走，而是把他留了下来。

项目经理小赵觉得很无奈，既然老王留了下来，自己也不能赶他走，两人就这样一直僵持着。最后，项目没有如期完成，董事长很不高兴。

在这里，董事长就没有很好地承担授权责任，他把授权当成游戏，让下属无所适从，结果只会造成授权的失败。

权力的转移并不意味着义务的转移，如果管理者通过授权把权力转移出去时，也把责任转移出去了，那他们不就只剩享受特权了吗？

世界顶级管理大师松下幸之助说："任用年轻人时，不仅是授予他职位，叫他好好努力，还要给予适当的协助。这一点很重要。经营者如果没留意到这件事，公司业务就无法顺利进行。"

一个没有跟踪和指导的授权,是不负责任的授权,最终也是失败的授权。做一个敢于担负责任的管理者,授权后仍要承担自己的领导责任,而不应该推卸自己的责任,这样才能成为一个称职的管理者。

适当保留知情权和控制权

真正的授权是指,放手但不放弃,支持但不放纵,指导但不干预。管理者将权力下放给员工,并不意味着自己就可以完全做个"甩手掌柜",对下放的事不管不问。

授权要像放风筝一般,既给予员工足够的空间,让他拥有一定范围的自主权;同时又能用"线"牵住他,不至于让他偏离太多,最终的控制权仍在领导的手中。

"撒手授权"必然引发企业运营混乱。管理者应该懂得,真正的授权就是让员工放手工作,但是放手绝不等于放弃控制和监督。

监督监控其实是对授权程度的平衡与把握,在给予足够权力的基础上,强调责任,将监督、监控做到位,授权的效果才会实现最大化。

很多人都知道"八佰伴"这个名字,作为日本著名的连锁企业,它曾经盛极一时,光在中国就拥有了很多家分店。可是庞大的商业帝国八佰伴集团为什么顷刻间宣告倒闭了呢?

到了企业发展的后期,集团创始人禾田一夫把公司的日常事务全都授权给了弟弟处理，而自己却天天窝在家里看报告或公文。他弟弟送来的财务报告每次都做得很好。但事实上，他的弟弟背地里做了假账来蒙蔽他。

最后，八佰伴集团倒闭了，禾田一夫从一位拥有四百家跨国百货店和超市集团的总裁，变成了一个穷光蛋。几年后，禾田一夫在中央电视台《对话》栏目接受采访，主持人问他："您回顾过去得到的教训是什么？"他的回答是："不要轻信别人的话。一切责任都在于最高责任者。作为公司的最高领导者，你不能说'那些是交给部下管的事情'这些话，责任是无法逃避的。"

禾田一夫的破产原因在于他没有意识到监控的重要性。时代在进步，企业需要用更多的头脑来武装自己，家族式的管理已经不利于企业的发展。禾田一夫让其弟弟禾田晃昌做日本八佰伴的总裁，这本身就是一个典型的失败。在这种管理体制下，报假账已经成为难以拔除的毒瘤。

企业的管理者如果将权力下放给下属后就不闻不问，这样的管理者一定是个失败的管理者。

海生公司隶属于一家民营集团公司。由于集团公司业务经营规模不断扩大，从 2002 年开始，集团公司老板决定把海生公司交给新聘请来的总经理和他的经营管理层全权负责。授权过后，公司老板就很少过问海生公司的日常经营事务了。但是，集团公司老板既没有对经营管理层的经营目标做任何明确要求，也没有要求企业的经营管理层定期向集团公司汇报经营情况，只是非正式承诺，假如企业赢利了，将给企业的经营管理层一些奖励，但是具体的奖励金额和奖励办法并没有确定下来。

海生公司由于没有制定完善的规章制度，企业总经理全权负责采购、生产、销售、财务。经过两年的经营，到 2004 年年底，集团公司老板发现，由于没有具体的监督监控制度，海生公司的生产管理一片混乱，账务不清，在生产中经常出现次品率过高、用错料、员工生产纪律松散等现象，甚至在采购中出现一些业务员私拿回扣、加工费不入账、收取外企业委托等问题。

同时，因为财务混乱，老板和企业经营管理层之间对企业是否赢利也纠缠不清，老板认为这两年公司投入了几千万元，但是没有得到回报，所以属于企业经营管理不善，不能给予奖励。而企业经营管理层则认为老板失信于自己，因为这两年企业已经减亏增赢了。他们认为老板应该履行当初的承诺，兑现奖励。双方一度为奖金问题暗中较劲。

面对企业管理中存在的诸多问题，老板决定将企业的经营管理权全部收回，重新由自己来负责企业的经营管理。这样一来，企业原有的经营管理层认为自己的努力付诸东流，没有回报，工作激情受挫，工作情绪陷入低谷。另外，他们觉得老板收回经营权，是对自己的不信任和不尊重，内心顿生负面情绪。有的人甚至利用自己培养的亲信，在员工中恶意散布一些对企业不利的消息，使得企业有如一盘散沙，经营陷入困境。

海生公司是一种典型的"撒手授权"。这种授权必然引发企业运营混乱，企业因此付出了惨重的代价。

真正的授权就是让员工放手工作，充分发挥自己的聪明才智，但是放手绝不意味着没有监督和控制。不论是领导者还是员工，绝不能把授权之后的控权看作消极行为，而是应该正确认清它的积极意义。

授权要讲究技巧

作为一个管理者，能够把授权落到实处，把自己、员工都摆在一个正确的位置才能有效地提高工作的效率，才能让自己的作用更多地体现在更重要的部分，而不能抓起芝麻却丢了西瓜，因小失大。

对于管理者来说，并不是授权给任何人都可以，必须依据具体的对象授权。一般来说，忠诚、负责的人值得信赖。领导下达的命令，无论如何都得全力以赴，忠实执行，如果下属的意见与领导的意见有出入，下属可以先陈述他的意见，如果领导仍然不接受就要服从领导的意见。

那么，哪些工作不需要自己去做，可以授权给下属去办呢？

1. 事务性工作

对于那些风险低、影响小的工作，管理者可以授权下属去做，这样的工作对整个大局的影响不大，就算出了问题，也不会产生严重的后果。

一些简单的、重复性的工作可以让下属去做，管理者面对这样的事情，必须授权于下属，让他们放心地去做。

2. 专业性工作

那些下属可以做得更好的工作，要授权他们去做。每个人都有自己的优势，下属在某一或某些方面也会比管理者更优秀，这时候，管理者就该让他们去做，同样可以取得预想中的结果。

3. 下属有能力做的工作

对于那些下属已经完全有能力做好的工作，管理者可以授权给他们。经过一段时间的沉淀与积累，下属的工作能力不断得到提高，当管理者认识到下属已经能够独自处理好某些事情时，就应该痛快地把这些事情交与他们，这也能帮助他们进一步成长。

作为一个管理者，应当授权的工作要尽量让下属去完成，这样才会让自己有更多的时间去处理更重要的问题，做更重要的决策。

不过，有些工作是绝对不能随便授权的，不能授权的又有哪些工作呢？

1. 最重要的决策

关系企业未来走向的重要决策不能授权，做重要决策前的一些调查取证的工作可以授权让下属去完成，而那些具有实质性决策意义的工作就需要管理者亲自完成。

2. 制定标准或政策的权力

为了让员工在工作时能做到有章可循、有据可依，管理者都会制定相应的标准来限制或督促员工的行为，如果把这类工作授权给下属，他们会制定出什么样的规章制度呢？不管下属制定的规章制度的具体内容是什么，其目的肯定是要让自己的利益最大化。

3. 需自己承担责任的工作

当企业陷入困境、面临危机的时候，管理者就应承担起相应的责任，不能授权下属，要身体力行，在危机中起到带头作用。像这种紧急关头，当然也是体现管理者自身能力的时候，如果只是让下属去琢磨解决问题的办法，自己却在一旁偷闲，就得不到下属的信任与支持。

4. 领导特地交代的工作

这类事情在上级领导看来，肯定是很重要的，需要交给得力的人去做他才放心。如果管理者什么事都随意转手给自己的下属去做，很可能达不到上级领导预期的效果。这样既会让上级领导怀疑你的办事能力，更可能对企业造成不好的影响。

科学合理的放权流程和制度

领导者不宜事必躬亲，把自己搞得忙碌不堪。真正优秀的领导者，能做到自己"无能"而团队有能，自己"无用"而团队有用，自己"无为"而团队有为。

管理者在授权后也应退居幕后，尽量减少干扰。这样才能充分发挥员工的能力，以此拓展业务。

一位在某超市工作了20年的总经理，在总结自己如何以高效率管理上千名员工时说："什么是管理？管理就是借助别人的手去完成任务。管理者要想提高工作效率，就必须学会将日常的事务交给下属去完成。如果一个领导者总是对下属的能力持怀疑态度，迟迟不肯把任务交给他们，那么他就永远也无法证明自己的工作能力。"

在现实中，我们经常看到许多忙忙碌碌的领导就像热锅上的蚂蚁一样，每天忙得团团转，可是却不见成效。其实，他们已经陷入了一种不可自拔的旋涡：干得越多，就越是有更多的工作需要自己亲手去做；忙得越厉害，就越来越忙。因为他们总是担心自己下属做不好工作，总是担心失去对下属的控制，总是认为只有自己才知道如何干，所以不得不一次又一次地亲自去做。相反，如果能给予下属足够的信任，把任务交给下属去完成，并且为下属提供自由的空间，就可以使自己摆脱那些烦琐的日常事务。

一个好的管理者善于把好钢用在刀刃上，懂得厚积而薄发，把权力授予合适的人。但授权一定要建立在科学合理的流程和制度基础上。

流程监督简单地说就是管理者放权下去后，需要在落实责任的过程中进行追踪考核，"监督"二字听起来不太舒服，但是它却有现实的一面，因为在落实的过程中若不加以监督，就容易产生"一步放松，步步放松，上头放松，层层放松，思想放松，事事放松"的情况。

如何监督呢？美国很多管理学家提出一个叫作"走动式管理"的流程监督模式。

美国麦当劳快餐店创始人雷·克罗克是美国极具影响力的大企业家。他不喜欢整天坐在办公室里，大部分时间都用在"走动式"管理上，即到所属各公司、各部门去走走、看看、听听、问问。公司曾有一段时间出现严重亏损状况，克罗克发现其中一个重要原因是，公司各职能部门的经理官僚主义习气重，习惯靠在舒适的椅背上指手画脚，把许多宝贵的时间耗费在抽烟和闲聊上。于是克罗克想出一个"奇招"，要求将所有经理的椅子靠背都锯掉，经理们只得照办。开始时很多人骂克罗克是个疯子，不久大家悟出了他的一番苦心，纷纷走出办公室开展"走动式"管理，及时了解情况，现场解决问题，终于使公司扭亏为盈，有力地促进了公司的发展。

管理者经常到现场或各部门走动，以加强管理人员和员工面对面与非正式的沟通，对组织的发展十分有利。

在授权的过程中，奖惩制度的功用在于可以引导和规范员工的行为朝着符合企业需求的方向发展。对希望出现的行为，公司用奖励进行强化；对不希望出现的行为，利用处罚措施进行约束。二者相辅相成，才能有效促进企业目标的实现。

企业奖惩制度的科学实施，是实现企业目标的保证。只有科学地实施奖惩制度，企业才能形成强大的合力，取得更大的发展。

不要越级授权

领导者只能选择逐级授权，即只能对自己的直接下属授权，绝不可越级授权。既不可代替自己的上级把权力授予自己的下属，也不可将自己的权力授予下级的下级，更不可代替自己的下级把权力授给他的下级。否则就混淆了领导层次，搞乱了权力隶属关系，增加实际工作的矛盾，会使领导工作陷入被动。

管理者要明白，团队中主要实行的是领导负责制，这种体制具有明显的层次性。因此，在授予下属权力时，一定要掌握好尺度，不要越级授权，而要逐级进行。否则，只会引起各级下属之间不必要的误解与职责的混乱。

不"越级授权"是首要条件，是要在授权的过程中明确责任，逐级分解，倡导下级主动思考，形成"人人是责任人"的岗位观。

如何保证这种授出的权力不失控呢？泰罗提出了以下几点有益的忠告：

首先，命令跟踪。一些领导在向下属授权后往往会忘记发出的指令，这时，定期或不定期地对自己的命令进行跟踪是相当有必要的。一个明智的领导者在跟踪自己的命令时，并不一定要注意下属工作的细节，他的目光会聚焦在下属的工作态度、工作进度等方面。

其次，有效反馈。对于下属的工作表现的评价，不能太主观臆断，而要有说服力。这就要求领导者在授权后，要与下属保持畅通的反馈渠道。当你将一项权力授予下属,而他将一件工作完成得非常糟糕时,或许事情还不至于糟到无法挽回的地步,更糟糕的是,你没有补救的办法。下属需要及时地反馈工作的进展,而你更需要向下属指出工作须改进之处。

最后,全局统筹。一位领导要授予不同的下属以不同的权力,在授权后,自己就有足够的时间与精力把握一些全局性的工作。高明的领导者在全局统筹的时候,善于采用纵向画线与横向划格的管理模式来实现组织控制。纵向画线是指界定各个部门对上、对下的权限;横向划格是指界定下级各部门之间的权限。这样既有利于下级充分利用自己的权力施展自己的才华,又不至于让各个部门成为不服从指挥的独立王国,从而有助于从整体上进行把握与协调。

每个人都有强烈的自尊心、成就感和荣誉感,也有通过自己的努力去完成一项工作的愿望。这是领导者有效授权的前提。在授权后要充分激发下属的工作积极性与创造性,同时,要注意让下属手中的权力真正发挥作用,并且按照自己的意志行事,从而让他们真正成为自己最坚实的左膀右臂。

建立合理的问责与监督机制

台塑集团董事长王永庆先生生前几乎每天中午都在公司吃饭。他不是一个人吃饭,而是和企业里各单位的主管一起吃。在饭桌上,王永庆会向他们提出许多犀利而细微的问题。为应付这个午餐汇报,主管人员必须对自己所管辖部门的大事小事了然于心,对问题做出细致的分析研究,才能过关。

可以说,这就是王永庆独创的"问责制度"。他的目的就在于督促团队的管理人员,切实改变他们的工作作风。台塑集团之所以能有那么大的发展,与这种问责制度有很大的关系。

列宁说过:"信任固然好,监控更重要。"社会的发展、事情的进展,不能只是简单地寄希望于个人的品德、运气等。一个好的制度,可以让坏人"变"好人,做坏人的成本很高、代价很大;而一个不好的制度,可能让好人"变"坏人,变坏不用花费多大的成本。评估制度正是这样一种好制度。

有一家电力公司推行了"问责制度",认真考核电力员工的履职情况,工作中是否主动、是否积极执行公司决策等,并将工作落实情况和月度综合奖考核、业绩考核、荣誉奖励挂起钩来。

就在问责制度推行的第一个月,公司共对5个部室和单位进行了考核,共计扣发奖金350元和发放奖励1000元。考核通报在公司办公系统公布后,总经理接到了很多电话,其中一个电话是技术部门的主任王小勇打过来的,他说:"经理,昨天看到了办公室发的考核通报,我觉得我这200块钱应该扣,确实是我们的工作没有做好。"此外,经理还接到其他一些电话,这些电话的内容既有被考核单位负责人主动承担责任的,也有一线员工表示支持的。对于这样的反响,总经理很高兴,他说:"这说明我们的'问责'收到了很好的效果,引起了大家的重视,对大家触动较大，这也是我们领导班子成员最愿意看到的。"

问责制度的核心是强调结果责任，也就是说，如果某项业绩没有达到要求，负责这个业务的成员要向自己的直接上级汇报，然后一层层往上延展，所有这条链上的成员和管理者都要为此负责。

适度授权才能激发团队活力

为了保证团队高效率工作，团队领导者应将能由下属替代做的事情尽量分解授权出去，自己则全力以赴去做那些别人无法替代的更重要的事情。但必须留一手，就是做好监督、授中有控。

适度的授权才能让团队具备积极性和创造力，适度的监控才能让下属的行动不脱离自己的预期轨道。

即使是优秀的管理者，有时也不太注意自己的管理方式，可能在不经意中他们的授权内容还不够。

美国戴尔公司如今已经是全球举足轻重的跨国企业。从创业伊始，创办人戴尔就切身领悟到了很多宝贵的管理经验，其中一项就是授权。

由于戴尔开始创业时，他还在大学念书，习惯了晚睡晚起，因此，公司刚开始成立时，每天必须早起成为一件让戴尔头痛的事情。而戴尔又是唯一一个有公司钥匙的人，因此，每次只要他睡过头，匆匆忙忙赶到公司附近，就会远远看到二三十个人在门口闲晃，眼巴巴地等着戴尔开门。

为此，戴尔的企业刚成立时，公司很少在9点半以前开门；后来逐渐提早到9点；到最后，公司终于改成8点上班，而这时戴尔也开始把公司大门的钥匙交给别人。

当然，要交出去的，不仅仅是大门的钥匙。

有一次，戴尔正在办公室里解决复杂的系统问题，有个职员走进来，抱怨说他的硬币被可乐贩卖机吃掉了。

戴尔听了非常奇怪，问他："这种事为什么要跑来告诉我？"

"因为贩卖机的钥匙是由您保管的呀！"

那一刻，戴尔才知道，应该把自动贩卖机的钥匙也交给别人保管。

把权力紧紧握在自己手里，下属还会有什么作为呢？应该给予他们发挥的空间，让他们有机会证明自己的能力。组织越庞大，职员越渴望分享组织的权力。权力与责任是统一的，唯有充分授权，才能唤起职员担当责任的使命感，激发其进取心，提高其对工作的热忱。

如果没有充分的授权，成功的管理就是缘木求鱼。当然，授权也不仅仅是简单意义上授予下属权力，其中一个很重要的环节是授中有控，做好监督工作。

沃尔玛公司的创始人沃尔顿早期创业时十分辛苦，许多事务他都要亲力亲为。随着公司的扩大，他意识到自己不可能事必躬亲，有必要对下属进行授权。于是，在开第二家沃尔玛店时，他第一次将本属于自己的权力下放给了一些优秀的管理人员。随着公司的发展，他不仅将更多的事务交给下属管理，而且允许其行动自由，并享有决策资格，有权根据销售情况订购商品，并决定商品的促销策略。

在下放权力时，公司也一直注意在扩大自主权与加强控制权之间取得平衡。一方面，公司有许多规定是各分店要遵守的，如商品定价，而且，每位职员都要严格遵守《沃尔玛员工手册》中的各项规定；另一方面，每家分店又有自主权，如部门经理负责商品订购，分店经理则可以决定商品促销计划。而且，沃尔玛的采购人员比其他公司人员拥有更大的决定权。

授权必须是可控的，不可控的授权就是弃权。或者说，组织领导者在授权时要给下属两件物品：一根绳子和一块糖。绳子是约束机制，控制被授权者的权限范围；糖是激励机制，是激发下属在权限范围内最大限度地发挥潜力。只有糖和绳子这两样东西都具备，才能够在激发下属工作活力的同时，也能对他们实施有效的管理，如此才是最明智的授权。

授权就像商品交换，给多了他会觉得一切来得太容易。他会进一步向你要吃的，可能光明正大，也可能暗中蚕食。慢慢地给他，可以随时考验他的能力。

第十章

人性管理：
不要开口闭口讲"法"

有时候需要有点人情味

中国式管理必须尊重中国人的特点，一方面，要严格按制度办事，另一方面，也要注重情感管理。管理者重视中国传统文化在管理中的重要作用，尤其看重情感管理的作用。

无疑，制度的刚性不能动摇，但是要想企业的制度让员工易于接受，就需要管理者在注重制度管理的同时，强调人情味。人都是有情感的，制度并不是万能的，情感管理能够发挥出制度管理所难以发挥的作用。要想实现卓有成效的管理，就必须在刚性的制度中添加柔性的情感管理这把糖。因此，管理者不要开口闭口讲法，最好由情入理，最终也不损害制度的刚性。

企业管理者要做到纪律严明，才能保障企业内部良性发展。规章制度是无情的，但人却是有情的。制度不是万能的，它需要情感管理来做重要的补充和辅助。管理者应从人情的角度对违规员工进行"情感关注"，只有做到以人为本，注重人本关怀，在制度管理中浸润情感上的交融，才能获得员工的追随，才能真正达到团队内部的和谐。

曾经，惠普公司有一个业务水平很高的技术人员，在报销出租车费的时候做了手脚，车票上原来的金额是40元，他把40元改成了140元。后来，公司财务人员看出了破绽，经过与出租汽车公司核对，证明该员工的确是虚报发票。尽管他很优秀，对公司业务发展有重要作用，但仍然被开除了。

惠普中国区总裁孙振耀也说过："惠普公司做生意的框架和纪律是非常清楚的，从我们的价值观和企业精神来看，这是天条，如果有谁没有做好它的话，公司一旦知道，犯错误的人付出的代价是非常大的。"

但惠普的人性化管理是很出名的。即使在美国企业最艰难的时刻，总经理帕卡德还坚持管理者应当与雇员保持密切的联系，雇员们亲昵地称这位总经理为"MBRA"（闲不住的老板）。在惠普，不论哪一级领导都没有自己的独立办公室，只有少量的会议室供集体使用。上下班见面时，都是直呼其名而不称职务。

公司创始人休利特和帕卡德把惠普公司的全体员工都看得十分重，认为每个员工的尊严和价值都是惠普方式极其重要的组成部分，确信不论男女员工都想从事富有创造力的好工作，有一个好的工作环境，大家都会把工作做好。

因为帕卡德尊重每个员工，经常与他们在一起，所以惠普公司的人际关系十分融洽。惠普公司有一条不成文的规定：每位员工一经聘用，绝不轻易辞退。这是美国其他公司难以做到的。

严格的纪律是企业管理的基础和保证。因此，制度一旦制定就必须严格遵守，任何人都不能成为制度执行中的例外。但是管理者不能一味用"大棒"来管理下属，这种方法只会阻隔管理者和下属们的关系，最好的方法是纪律与温情一起抓。

情感管理旨在从人之常情出发，关心员工生活，努力为其营造宽松和谐的工作环境，增强企业的亲和力。情感管理能有效弥补制度管理的不足，变消极为积极，化被动为主动。情感管理与制度管理，前者为柔，后者为刚，刚柔并济，才能使员工心悦诚服。

每个人都有被尊重的需要和与人交往的需要。在很多情况下，情感的交流比行政命令和上级对下属的指挥更有影响力和号召力。因此，企业管理者与员工之间除了具有行政关系所决定的层属关系外，更应当营造荣辱与共、情感交融的氛围。情感管理的实质就是通过情感来赢得人心，形成强大的凝聚力。

情感管理是一种讲究"人情味"的管理，突出"爱"和"善"的作用，提倡发挥人的主观能动性，完善激励机制，赋予员工职业上的成就感，使其在工作中能充分发挥积极性、主动性和创造性。

在严格的制度中体现温情

在现实中，无论你是大企业的管理者，还是小企业的老板，如果你希望自己的团队中人人都能守规矩，仅仅靠冷酷的制度约束是不够的，这样只会打压员工工作的积极性和主动性。尤其在如今个性张扬的新时代,用情感管理体现温情,对不少管理者来说驾轻就熟。

百度公司的总裁李彦宏在公司的日常管理中,体现了对员工无微不至的体贴。比如,2000年公司开业,百度便开始在办公室中提供免费早餐,虽然不过是白粥和煮鸡蛋,但让一大早爬起来上班的年轻人不至于一个上午饿肚子;2005年年初,公司搬入理想国际大厦,不能做饭了,百度就在大厅里摆上了咖啡机,开始提供免费咖啡。

一个充满温情的团队往往具有极强的生命力。通用电气公司在基层员工管理上非常注重情感管理,前总裁斯通非常善于利用小事情来感动员工。

有一天,在美国旧金山一家医院里的一间隔离病房外面,一位身体硬朗、步履生风、声若洪钟的老人,正在与护士死磨硬缠地要探望一名因痢疾住院治疗的女士。但是,护士却严守规章制度毫不退让。

这位护士怎么也不会想到,这位衣着朴素的老者,竟是通用电气公司总裁,一位被世界电气业权威杂志美国《电信》月刊选为"世界最佳经营家"的世界企业巨子斯通。护士也根本无从知晓,斯通探望的女士,并非他的家人,而是加利福尼亚州销售员哈桑的妻子。

哈桑后来知道了这件事,感动不已,他每天工作达16小时,为的就是以此报答斯通先生对他的关怀,加州的销售业绩一度在全美各地区评比中名列前茅。正是这种基层情感管理方式，使得通用电气公司事业蒸蒸日上。

在制度化管理当中，不仅仅强调理性，对人的情感也需要进行管理。通用电气公司的管理经验表明，情感管理方式创造了员工与企业之间的相互信任，从而更有利于提高生产效率。

管理者如果能在制度之外的管理中融入一些人情味，能够时时为员工着想，让企业充满温情，就会让员工产生归属感、认同感，能够让企业形成强大的凝聚力。

很多优秀的领导者都愿意将自己的企业建设成一个和睦的大家庭，在这个大家庭中，领导者与员工之间的上下一致是企业发展的内在动力。领导者不仅要承认和尊重员工的个人价值，培养员工对企业的认同感、归属感，还要对员工处处表现出关怀，只有这样才能赢得员工的爱戴。

让员工产生对团队的归属感，是赢得员工忠诚、增强企业凝聚力和竞争力的根本所在。所谓归属感，是指由于物质和精神两方面的共同作用，使某一个体对某一整体产生高度的信任和深深的眷恋，从而该个体在潜意识里将自己融入整体中去，将该整体利益作为自己行事的出发点和归结点。

在管理中，领导者应当注重在精神方面感化员工，使他们感受到企业的关怀、信任和尊重，并努力为他们创造公平、融洽的工作环境，从而使他们感受到自己的工作单位就如同一个大家庭一样，获得家庭般的温暖感和归属感。

对于管理者来说，让员工体会到温情，首先需要让他感受到信任。一个员工如果感受不到他所在集体对他的信任，那么，他不可能信赖这个集体，更不可能在内心深处将自己融入这个集体中去。领导者对下属做到"用人不疑，疑人不用"，确定人选后，就要大胆授权，放手让他工作。当然，这种授权是建立在对下属的了解的基础上的，否则就必然导致管理的混乱和绩效的下降。当然，还需要让员工感受到所在团队是一个公平的集体，这样他才会对企业产生高度的信任，并表现出较强的奉献精神。

此外，领导者在与下属的日常交流中，应注意语气温和、用语委婉，时刻提醒自己是在与下属商讨问题，而不是命令下属去做什么。另外，在决定下属的职责、奖惩时，应尽可能地征求下属的意见，给予下属更多的选择权。

过分讲制度只会适得其反

对于团队管理而言，制度也是不可缺少的。然而，一味地讲求"法"，完全地制度化，也非良好的现象。过分的制度化会使团队局限于僵化刻板的巢穴里，不仅丧失人情味，亦不合乎情理，往往无法应对突如其来的事端。

在管理上要以制度为主、人情为辅，这是不容否认的。要充分发挥制度的力量，但也要常常以人情为催化剂。在执行制度前，需向被执行者讲清制度存在的必要性、制度执行的坚决性、遵守制度的强制性，在这个过程中，部分员工可能会不理解，会有抵触情绪，这时就是人情发挥作用的时候了，寓理于情，更容易让人接受并自觉遵守。

在职场中，每个人都有可能犯错误，遇见下属触犯公司制度的情况，要善于灵活处理。作为团队的领导者，执行公司制度的时候能铁面无私，但是也要注意执行的方式和方法。让每个下属对你既爱又怕，不得不围着你的指挥棒转。

日本三洋电器公司副社长后藤清一在松下公司做员工时，有一次未经请示就擅自变更了承包定额的单价，这是公司不容许的事情。松下知道后一边骂，一边用捅炉子的铁通条使劲敲打火炉，松下发现通条被敲断了，才大声命令说："你把它扫完了再回去。"

后藤有贫血的毛病，在这暴风雨般的斥责下，悔恨交加，当场昏倒了。

松下立即让人送后藤回家，并请后藤的夫人多多照顾他，第二天上班，松下就给后藤打电话问："你现在没事了吧？"

后藤被感动了，紧紧握住话筒，被松下痛责的懊恼心情顿时全消。

松下指责员工的错误只是手段而不是目的。管理者如果过于强调按制度执行，完全没有人情味，不论手段怎样高明总是会伤人的。因此，在讲制度的同时需要做相应的人情化处理，即进行感情补偿，毕竟人与人之间不论地位尊卑，人格都是平等的，妥当的善后要选时机、看火候——过早，对方火气正盛，效果不佳；过晚，对方郁积已久的感情不好解开。因而，宜选择对方略为消气、情绪开始回复的时候为佳。

　　进行正确的人情管理，针对不同的对象要采用不同的方法。有人性格大大咧咧，不爱计较，领导发火他也不会往心里去，故善后工作只需三言两语，象征性地表示就能解决问题。有的人心细明理，领导发火他也能谅解，则无须下大功夫去善后。而有的人死要面子，对领导向他发火耿耿于怀，甚至刻骨铭心，对这种人则需要进行细致而诚恳的善后工作，要好言安抚，并在以后寻机通过表扬等方式予以弥补。另外，还有的人量小气盛，则不妨使善后拖延进行，以日久见人心的功夫去逐渐感化他。

　　上下级之间的感情交流不怕波浪起伏，却最忌平淡无味。作为领导，在工作中必然要坚持团队的制度，有经验的领导，既敢于发火震怒，又有善后的本领。

　　美国第二十六任总统西奥多·罗斯福在谈到美国对拉美地区的政策时，提出了著名的"温言在口，大棒在手"战略，这种战略对管理者而言极有参考价值。领导对于下属，也可以向外交战略学习。一个好的领导，即要懂得严格按制度执行，也要懂得安抚下属的情绪，不至于伤人太深，这样才能更好地激励下属为其工作。

越管制，越叛逆

我们先来看下面的两个公司的制定的制度情况：

A公司为员工创造了宽松的工作环境，为每个员工配备了高性能的办公设备。对于办公用品的管理更是非常慷慨，在每个办公室的角落里都有一个柜子，里面放满了员工日常所需的办公用品，员工可以根据自己的需要自由索取无须登记。

B公司也是一家类似的公司，却采取了相反的态度。虽然这家公司的宣传册中将"以人为本"的人才策略浓墨重彩地渲染了一番，但老板对行政部门每月高昂的办公用品采购开支大为光火。行政部门为了缩减办公用品开支绞尽了脑汁。任何员工领取办公用品都要填写领用单据，并经过主管签字，然后才能到行政部门领取。每个部门每月产生的办公用品开支要核算到部门运营成本中。即使如此，B公司的办公用品开支仍旧居高不下。

从事同一领域的两家公司，面对相同的市场环境，对管理制度采取的不同态度，在管理方式上体现了巨大的差别，值得管理者深思。

我们发现，大部分企业制定管理制度只体现了对员工的约束，而忽略了对员工的激励与引导。这些企业管理者信奉"人性本恶"的假设，认为人工作的目的是获取报酬，工作过程中靠监督、约束、要求才能完成自己的工作。这种假设片面地强调了制度的监督与约束作用，却忽略了人性需求的复杂性、多样性，抑制了人性中积极的因素。

管理者在制定制度时,不要只考虑到如何约束员工的行为,也要设身处地想一想,员工的接受程度是否符合人性的需求。"越管制,越叛逆"的人性使得不少管理者得到一定的启发,尤其在高科技行业要尽量体现更少的管理。

1. 尊重人性

对利益的追求是人的本能,对群体的追求是人的本性,对成就的追求是人的本源,这是客观存在的自然规律。管理者从根本上认识不同的人性特点,有助于对员工的行为进行引导。比如,经常组织团体活动有助于增强员工的归属感;对具有特殊贡献的员工进行奖励,能够提升士气等。

2. 尊重个性

每个人都有自己的个性特点,人的个性本无好坏之分。领导者能否把合适的人放到合适的岗位上,决定了其领导力的强弱。如果让开拓型人才去从事重复性工作,这是领导者的错误,不要拿自己的错误去惩罚无过的员工。另外,实践证明,越是有超常能力的员工,其个性特点越突出。管理者是否具有海纳百川的包容性,是否尊重员工个性,是建立开放的企业价值理念的决定性因素。

3. 注重个人发展

以人为本的企业强调员工与组织同步发展。企业的发展建立在员工进步的基础上，员工的进步得益于企业的良性发展，两者的利益与方向应该是高度统一的。以人为本的企业注重员工的培训与职业发展，系统考虑员工与企业的近期、长期问题，将个人的发展与组织目标的发展有机结合，创造出和谐、动态的个人发展机制。这种机制以完善的培训体制、岗位轮换、接班人计划等具体制度来体现。

4. 认可员工的价值

中国的企业管理者不仅要学会认可，更应该学会认可员工的价值。企业经营的过程是学习与总结的过程。无论员工取得成功的经验还是失败的教训，都应该及时进行反思与总结。需要反思与总结的是"我们成功在哪里""哪些原因导致了失败，如何弥补或规避失败"，使经验和教训成为未来工作的灯塔和指南针。而更多的管理者采取的是奖励成功者、处罚失败者的策略，这对于企业未来的发展缺乏直接的帮助。无论是经验还是教训都是企业经营中的财富，所以你要认可员工的价值。

5. 满足员工个性化需求

不同年龄、不同背景、不同层级的员工需求不同。同一个人在特定阶段多种需求共存，但各种需求存在强度的差异。以人为本的企业注重对员工个性化需求的分析与满足，倡导以人为本的管理者最重要的工作就是发现员工不同阶段的需求，并将这种需求纳入管理策略、制度之中综合考虑；对员工的需求进行有效引导，满足员工个性化的需求就是引导员工为实现组织目标努力的过程。这样，企业战略目标实现了，员工个人需求也得到了满足。

不要拘泥于个别条款

任何制度都是死的，有时候拘泥于制度中的个别条款，可能让管理显得很死板。因此，要提高制度的效率，最首要的就是培养先进的制度文化。

企业的基本理念应该是"维护企业信誉，使顾客满意"，这也是企业制定所有制度的标准和目标。当实际情况与制度相违背时，应以基本理念为准。制度化管理倾向于把组织设计为一台精确、完美的机器，它讲规律、讲科学、讲理性，但就是不考虑个性。

任何一个团队都是由人组成的集体，人有感情、有情绪、有追求、有本能，人不是机器，不可能像机器一样准确、稳定。从这种意义上说，极端的制度化管理既不可能，也不理想。制度化管理强调的也不是极端的制度化，而是以制度化管理体系为基础，谋求制度化与人性和活力的平衡。

在竞争激烈的市场中，从1982年~1985年，美国IBM公司连续四年被美国《财富》杂志推荐为最优异的公司，这是为什么？IBM的三大基本信念是——充分尊重个人、服务顾客至上、追求卓越的绩效。我们可以从IBM的老板小华特森与部属巴克·罗杰斯的一段精彩对话来了解IBM如何实践他们的信念。

有一天，罗杰斯接到小华特森的开会通知，要他下午3点准时参加，不巧他事先已与客户约好，当他接到通知时自己已在客户的办公室里了。等罗杰斯把客户的事情办妥之后回到总公司，已是下午6点半了。

小华特森为了表示他的不满，会议并没开始，全公司的高级主管都在会议室等候罗杰斯。当罗杰斯走入会议室时，小华特森面无表情地质问他："追求卓越的绩效乃公司的基本信念，你连如此重要的会议都无法准时参加，你将如何去追求卓越的绩效呢？"

罗杰斯立刻反问道："公司其他的信念，是否也要彻底实践呢？"

小华特森回答说："当然啦！"

罗杰斯说："我与新泽西州的客户有约在先，因此先赴约完成'服务顾客至上'的信念，这么做难道错了吗？"

小华特森的脸色缓和下来，他微笑着说："巴克，你对事情的轻重缓急掌握得非常好，我们现在立即开会。"

呆板的制度和突如其来的事情发生冲突时，管理者选择按制度办事，还是处罚员工呢？

一套完善的规章制度是一个管理者管理人才、使用人才的法宝。以制度管人管事，但是也不拘泥于个别条款，在制度管理的过程中融入温情，这样的团队才能充满生机和活力。

无情的制度，有情的管理

对于团队而言，制度管理是支撑起团队发展的框架。再完善的规则制度，如果不能很好地按规定执行，也无法约束员工，甚至有可能危及团队的稳定。

因此，制度一旦制定下来，就要严格执行，只有这样才能产生高效的管理。优秀企业成功的根本原因，不仅仅在于它有规则，更在于它严格按规则行事，在于它不为其他任何形式、哪怕是道德的、情义的"例外"所干扰，能够始终坚定不移地执行规则。

在这个方面，我们的经验教训难道还少吗？在一家濒临倒闭的国有企业中，车间、科室的墙上和一摞摞的红头文件里，管理的规章制度并不少，可惜的是它们没有被严格地执行；兴盛一时又迅速衰败的家族公司按规则共患难，而一旦日子好过了，其打游击、散漫的秉性便卷土重来，以致坏了规则，毁了大好前程。有规则，并坚决按照规则展开管理工作，你才能获得你所期望的满意的管理绩效。

制度是无情的，但管理不可能做到无情，在管理过程中融入人情，这是制度管理的重要补充。

曾有一次，日本索尼公司东南亚分公司生产的"随身听"出现了问题，收到了众多消费者的投诉。经调查，原来是"随身听"的包装出了问题，分公司立刻更换了包装，解决了问题，但时任总裁盛田昭夫仍然不依不饶。

这个事件的负责人被请到公司的董事会议上，被要求对这一错误做陈述。在会议上，盛田昭夫严厉批评了他，要求全公司以此为戒。该负责人在索尼公司工作了几十年，第一次在众人面前受到如此严厉的批评，难堪尴尬之际，忍不住失声痛哭。盛田昭夫的盛怒让其他董事也觉得太过分了。

会后，该负责人沉重地走出会议室，这时，董事长的秘书走过来，盛情地邀请他一块儿出去喝酒。这位经理很不明白，说："我现在是被总公司抛弃的人，你怎么还这样看得起我？"这位秘书说："董事长其实没有忘记你为公司做的贡献，今天的事情也是出于无奈。他知道你为这事伤心，特意让我请你喝酒。"

喝完酒后，秘书陪着这位负责人回到了家。刚进家门，妻子迎了上来对他说："你在公司真是个受重视的人！"他听了感到非常莫名其妙。这时，只见妻子拿来一束鲜花和一张贺卡说："今天是我们结婚20周年的纪念日，你忘记了吗？"原来，索尼公司的人事部门对员工的生日、结婚纪念日这样的事情都有记录，每当遇到这样的日子，公司都会为员工准备一些鲜花礼品。只不过今年有些特别，这束鲜花是盛田昭夫特意订购的，并附上了一张他亲手写的贺卡，勉励这位负责人继续为公司效力。

为了公司的利益，盛田昭夫对犯错误的员工不会有丝毫的宽恕，但考虑到这位经理是老员工，而且在生产经营上确实是一把好手，为了不彻底打击他的自信心，所以采用这样的方式表达自己的歉意。这位员工深深地感到，自己犯了错误也能受到领导的承认和尊重，不禁再一次反省自己，从而更加以满腔的热情对待将来的工作。这就是"鲜花疗法"的成功之处。

"无情的制度，有情的管理"之所以能够起到作用，在于它符合人性的特点。作为管理者，不仅能在物质上满足员工的愿望，而且也要在心理上使员工感到被尊重，感到工作是有意义的，这往往比物质上的奖励更能激发员工的斗志。

"人性化"不能沦为"人情化"

从表面上看，一个充满温情的企业，对员工关怀、宽容、体恤，重人情、讲面子，一团和气。企业对员工非常厚道，管理者对员工亲如家人。老板跟员工相处特别随意，经常跟员工一起吃饭喝酒，嬉笑怒骂，毫无拘束。甚至上下班考勤都很随便：早到晚到没有关系，换班调休更随意。干多干少、干好干坏更多靠员工个人觉悟。虽然没有重奖，但绝对没有严惩，甚至连小惩都没有。类似现象在不少民营企业以不同程度活生生地存在。

凡事过犹不及。我们说管理要趋于人性化，但管理者一定不要把"人性化"和"人情化"混淆。

"人性化"并不是做什么事都讲交情，都要给某人面子。有的管理者往往就会走进这样的误区，他们认为越平易近人，和下属打成一片，甚至称兄道弟，就会越利于自己与下属的沟通。其实不然，其结果通常是管理者放下了架子就再也端不起来。

管理者要做到高效管理，与下属保持融洽的关系是必要的，但在搞好关系的同时，也要注意与下属保持一定的心理距离，免得伤到对方。管理者与下属的关系就好比两只相互取暖的刺猬，如果太近了会相互伤害，而如果太远了又达不到取暖的效果。最好的办法就是寻找一个适当的距离，管理者在对待下属的时候既要善于放下架子，也要能随时端起架子。放下架子，就是管理者要融入下属中，和他们打成一片，在生活中给他们关照；端起架子，是管理者要拉下脸来用威严的面孔示人，作为管理者，即使再民主，再平易近人，也需要保持一定的威严。

对于领导者和下属应该保持什么样的距离，联想公司的董事长杨元庆有非常深刻的认识。他认为，距离太近会影响公正。一个团队的发展需要有一个非常公正的环境，要想组织好一个团队，就必须做到公正、公平、公开，上上下下都以业绩和能力为导向。上去的人一定有最好的业绩，绝不是凭个人关系。他也坦承自己很讲义气，但是他从不会和手下做酒肉朋友，也不能做很多讲哥们义气的事情。但他会从内心体贴下属、想着下属、顾着下属，帮下属解决无论是工作上还是生活上的问题。

管理者在处理与下属的关系时一定要牢记一点：人性化管理不等于人情化管理。管理者和下属之间可以是事业上的伙伴、工作中的朋友，但就是不能成为私交甚笃的哥们儿。

第十一章

优胜劣汰：
引导员工进行良性竞争

竞争是活力的源泉

多年前，澳大利亚的草原牧场经常有狼群出没，牧民的羊群常遭到狼的袭击，损失惨重。于是，牧民们向政府求助，要求将狼赶尽杀绝。很快，在人类的捕杀下，狼从草原上消失了。

没有了天敌的羊群，数量开始激增，牧民们非常高兴，认为美好的生活就要到来。可是，好景不长，没过几年，羊群的繁殖能力大为下降，而且大多体弱多病，羊毛的质量也大不如前。原来，失去了狼群的威胁，羊的生存能力与繁殖基因开始退化，最终导致羊群的数量和质量下降。这样的结果可不是牧民们想看到的，于是，他们再次请求政府，希望重新引进狼群，以增强羊群的体质。最终，狼群得以重回澳大利亚草原，羊的数目和质量果然迅速回升。

可见，竞争能带来活力。虽说狼对羊有威胁，但是也正因为狼的存在，羊才可以更好地锻炼自己，优胜劣汰。对于个人，大家在你追我赶的激烈追逐中，能共同获得迅速的进步；同样，企业的活力也往往来源于竞争的"威胁"。

大家都看到商场竞争的好处，商家之间的竞争不但会促使其改善服务与产品质量，往往还会做出调整管理结构的举措，从而保持长久的竞争力。消费者们则会在竞争中享受降价和服务与产品质量提高的实惠；经营者也会因消费增长而获得更多的利润。竞争不但激发了企业的创新能力，还有效提升了企业的生存能力。

同样，在企业管理的过程中，管理者应该为团队引入竞争机制，这样才能为团队发展带来活力。

杰克·韦尔奇在他45岁那年，成为美国通用电气公司历史上最年轻的董事长和首席执行官，然而此时，这家已经有117年历史的公司正面临着机构臃肿、等级森严、对市场反应迟钝等问题，正在全球竞争中走下坡路。

杰克上任伊始就进行内部管理体制改革，减少管理层次和冗员，将原来8个层次减到4个层次甚至3个层次，并撤换了部分高层管理人员。他表示："我们每天都在全球竞争战场的刀光剑影中工作。而且在每一回合的打斗之间，都没有片刻的时间休息。"

对杰克而言，竞争不仅是获取成功的必由之路，也是一种每天都应该持续不断的工作状态。竞争越激烈，他的生活就越充实。在人才的运用上，杰克奉行的也是这种竞争残酷的人才聘用机制。在1997年1月有500名高级经理参加的一次执行经理会议上，他发出了恳切的号召，要求管理者们要保持在A级，要讲求团队精神，要服从公司的价值观。

他非常反对花费大量时间和金钱把那些B级员工转变为A级，并把这种行为看成枉费力气的工作。他的用人原则就是不好的趁早剔除，以便挑选更好的加入团队。

杰克·韦尔奇的这种用人策略在西方可以说是很常见的，虽然这样的人才聘用方式显得过于残酷。但是，在今天这个竞争日趋激烈的市场中，企业要想生存下来，就必须有一批优秀的人才。

如果企业不能果断、有效地剔除不合格的员工，吸引和留住优秀人才，那么就要在激烈的市场竞争中处于劣势，迟早会被淘汰出局。

管理者要引导团队中的每个成员都树立竞争意识，时刻保持竞争压力，这样才能最终形成"百舸争流"的盛况。

神奇的"鲶鱼效应"

挪威人喜欢吃沙丁鱼，尤其是活的。市场上活沙丁鱼的价格要比死鱼高许多。所以渔民总是千方百计地让沙丁鱼活着回到渔港。可是，虽然经过种种努力，绝大部分沙丁鱼还是在中途因窒息而死亡。但有一条渔船总能让大部分沙丁鱼活着回到渔港，船长严格保守着秘密。直到船长去世，谜底才揭开。原来，船长在装满沙丁鱼的鱼槽里放进了一条以鱼为主要食物的鲶鱼。鲶鱼进入鱼槽后，由于环境陌生，便四处游动。沙丁鱼见了鲶鱼十分紧张，左冲右突，四处躲避，加速游动。这样一来，一条条沙丁鱼便欢蹦乱跳地回到了渔港。

这就是著名的"鲶鱼效应"。即采取一种手段或措施，刺激一些原本懒散的个体活跃起来，积极参与竞争，从而激活整个团队。

比如，一个企业内部人员长期固定，就会缺乏活力与新鲜感，从而容易产生惰性，影响企业的生产效率。对企业而言，将"鲶鱼"加进来，则会制造一些紧张气氛，员工们便会有一种紧迫感，觉得自己应该加快步伐了，否则就会被挤掉。这样一来，企业便又能焕发出旺盛的活力了。

同样，如果一个人长期待在一种工作环境中反复从事着同样的工作，也很容易滋生厌倦、疲惫等负面情绪。当一个人对所从事的工作没有兴趣或缺乏动机，却又不得不为之时，就会产生厌倦情绪，身心陷入疲惫状态，工作绩效也会明显降低。长此以往，就陷入了职业倦怠的旋涡之中。而"鲶鱼"的加入，会使人产生竞争感，从而促进其职业能力成长和对工作的热情，这样也就更容易获得职业发展的成功。

适度的压力有利于员工保持良好的状态，有助于挖掘员工的潜能，从而提高个人的工作效率。例如，运动员临近比赛时，一定要将自己调整到能感觉到适度的压力，让自己兴奋，从而进入最佳的竞技状态。相反，如果不紧张、没压力感，则不利于取得成绩。可见适度的压力对挖掘自身的内在潜力资源，是有正面积极作用的。

有一位经验丰富的老船长,当他的货轮卸货后在浩瀚的大海上返航时,突然遭遇到了巨大的风暴。年轻的水手们惊慌失措,老船长果断地命令水手们立刻打开货舱,往里面灌水。"船长是不是疯了,往船舱里灌水只会增加船的压力,使船下沉,这不是自寻死路吗?"

船长望着这群稚嫩的水手们说:"百万吨的巨轮很少有被打翻的,被打翻的常常是船身轻的小船。船在负重的时候是最安全的;空船时则比较危险。在船的承载能力界定范围之内,适当的负重可以抵挡暴风骤雨的侵袭。"

水手们按照船长的吩咐去做,随着货舱里的水位越升越高,船一寸一寸地下沉,猛烈的狂风巨浪对船的威胁却一点一点地减少,货轮渐渐平稳下来。

这就是"压力效应"。那些得过且过、没有一点压力的人,就像风暴中没有载货的船,人生的任何一场狂风巨浪都能将其覆灭。而那些时刻认识到"鲶鱼效应"的存在,在生活中适当保持压力感,不失工作激情的人是不会轻易被风浪击倒的,他们才是团队中最优秀的人。

当然,适度的压力是必要的,但若过度的话,不仅不会消除厌倦慵懒的情绪,甚至还会激发出无助绝望等更为负面的情绪。

对于企业管理而言,引入"鲶鱼"就是引入表现突出、实力强劲的同事,这些"鲶鱼"的适当存在,能让员工产生奋进的动力。

久而久之，你会慢慢发觉，你的下属也变成了别人眼中的"鲶鱼"，大家都处在一个良性循环的竞争中。

为团队引入"鲶鱼"

"鲶鱼效应"的实质是激励精神，通过激励产生上进的因素。"鲶鱼效应"的作用在于调动员工的积极性，有效激活员工工作的热情和激情，让员工在刺激作用的驱动下展现活力，使之更好地为团队的发展服务。

任何一个团队都一样，如果人员长期固定不变，难免会产生惰性。日本的本田公司在这一方面做得极其出色，很多企业争相效仿。

起初，本田公司并没有认识到"鲶鱼效应"的作用。

有一次，本田对欧美企业进行考察，发现许多企业的人员基本上由三种类型组成：第一类是不可缺少的精英人才，大约占人员总数的20%；第二类是以公司为家的勤劳人才，大约占人员总数的60%；第三类是终日吊儿郎当、不爱工作、效率低下的人。大约占人员总数的20%。与欧美公司相比，本田先生认为本田公司中缺乏进取心和敬业精神的第三种人还要多些。

这部分人创造的价值和公司对他们的预期不符，是拖后腿的一类人。那么，如何使前两种人增多，使其更具有敬业精神，而使第三种人减少呢？这个问题困扰了本田很久。他曾想到把这些人完全淘汰，但是，仔细思考后，他认为即使把这一批人淘汰，新招的人中间还会继续有这样的一类人。全部淘汰，显然不是科学的办法。

本田决定进行人事政策的改革，为公司引进一条鲶鱼。他首先从销售部入手，因为销售部经理的观念与公司的精神相去甚远，而且他的守旧思想已经严重影响了他的下属。如果不尽快打破销售部的沉闷气氛，公司的发展将会受到严重影响。经过周密的计划和努力，本田终于把松和公司销售部副经理、年仅35岁的武太郎挖了过来。

武太郎的到来，使本田公司销售部上下吃惊不小。接任本田公司销售部经理后，武太郎凭着自己丰富的市场营销经验和过人的学识，以及惊人的毅力和工作热情，受到了销售部全体员工的好评，员工的工作热情被极大地调动起来，活力大大增强。公司的销售出现了转机，月销售额直线上升，公司在欧美市场的知名度不断提高。

应该说，武太郎是一条很好的"鲶鱼"。本田对武太郎上任以来的工作情况非常满意，这不仅在于他的工作表现，而且销售部作为企业的龙头部门带动了其他部门经理人员的工作热情和活力。从此，本田公司每年都会重点从外部"中途聘用"一些精干的、思维敏捷的、30岁左右的生力军，有时甚至还聘请常务董事一级的"大鲶鱼"。随着不同鲶鱼的到来，本田公司内部再无沉闷之气，业绩蒸蒸日上。

本田公司的事例说明，当一个组织的工作达到较稳定的状态时，常常意味着员工工作积极性降低，"一团和气"的集体不一定是高效率的集体，这时候"鲶鱼效应"将起到很好的"医疗"作用。

松下电器（中国）公司副董事长张仲文在接受记者采访时曾说过："保持一个企业充满生机、正常高效地经营，评价是很重要的人事管理手段。"

优秀的管理者总是善于通过引进良性竞争机制，以竞争来调动员工的工作积极性，使员工自觉摒弃安于现状的心理，从而实现人人积极进取。

人才是企业成败的关键，良性竞争机制要打破论资排辈，构造全新的人才晋升渠道。为年轻人才提供一个能充分发挥自身优势的空间，使工作蕴含激励力量。

当然，也可以在团队内部制定竞争机制，在企业内部找到"鲶鱼"。如果一个公司缺乏内部激励机制、竞争机制，就不会拥有富有活力的企业文化，员工也会丧失危机意识。

而为挖掘、寻找企业内部的"鲶鱼"，企业可以采取以下三种有效的管理方法：（1）推行绩效管理，用压力机制创造"鲶鱼效应"，让员工紧张起来；（2）在组织中构建竞争型团队，通过公司内部的评选机制制造"鲶鱼队伍"；（3）寻找公司的潜在明星并加以培养，通过发现和提升潜在的"鲶鱼型人才"去激活员工队伍。通过引进外部"鲶鱼"和开发挖掘企业内部"鲶鱼"相结合的办法，管理者就能充分利用"鲶鱼效应"保持团队的活力。

寻找"弼马温"式的人物

《西游记》中的孙悟空被开庭封为"弼马温",这是大家耳熟能详的故事。很多人并不知道真实的"弼马温"是什么样的。

两千多年前,我国一些养马的人在马厩中养猴,以辟马瘟。据有关专家分析,马是可以站着消化和睡觉的,只有在疲惫和体力不支或生病时才卧倒休息。在马厩中养猴,可以使马经常站立而不卧倒,这样可以提高马对血吸虫病的抵抗能力。另外,因为猴子天性好动,这样可以使一些神经质的马得到一定的训练,使马从易惊易怒的状态中解脱出来,对于突然出现的人或物和声响等不再惊恐。

在马厩中养猴,以"辟恶,消百病",养在马厩中的猴子就是"弼马温","弼马温"所起的作用就被叫作"弼马温效应"。

从某种程度上来说,企业组织类似于马群。而那些个性鲜明、我行我素,同时又能力超强、充满质疑和变革精神的员工,就是企业中的"弼马温"。在一些组织中,他们被叫作"问题员工",甚至上了"黑名单",因为他们难以管理。

实际上,"弼马温"式的员工是团队中的活跃因素,能活跃团队的氛围,促进团队的良性发展。

1860年美国大选结束后的几个星期,一位大银行家曾提醒美国前总统林肯不要将参议员萨蒙·蔡思选入内阁,林肯问及原因,银行家答道:"因为他认为他比你伟大得多。""哦,"林肯说,"你还知道有谁认为自己比我要伟大的?""不知道了。"巴恩说,"不过,你为什么这样问?"林肯回答:"因为我要把他们全都收入我的内阁。"

蔡思的确是个狂妄十足的家伙。不过,他也的确是个大能人,林肯任命他为财政部部长,并尽力减少与他的摩擦。蔡思狂热地追求最高领导权,他本想入主白宫,却被林肯"挤"了。

后来《纽约时报》主编亨利·雷蒙特拜访林肯的时候,特地告诉他蔡思正在狂热地上蹿下跳,谋求总统职位。

林肯以他那特有的幽默神情讲道:"雷蒙特,你不是在农村长大的吗?那么你一定知道什么是马蝇了。有一次,我和我的兄弟在肯塔基老家的一个农场犁玉米地,我吆马,他扶犁。这匹马很懒,但有一段时间它却在地里跑得飞快,连我这双长腿都差点跟不上。到了地头,我发现有一只很大的马蝇叮在它身上,于是我就把马蝇打落了。我的兄弟问我为什么要打掉它。我回答说:'我不忍心让这匹马那样被咬。'我的兄弟说:'哎呀,正是这家伙才使得马跑起来的嘛!'"

然后,林肯意味深长地说:"如果现在有一只叫'总统欲'的马蝇正叮着蔡思先生,那么只要它能使蔡思的财政部不停地跑,我就不想去打落它。"

这个小故事对管理者用人很有启发。越是有能力的员工越不好管理,因为他们有很强烈的占有欲,或对既得利益,或对权势,或对金钱。如果他们得不到想要的东西，他们要么会跳槽，要么会捣乱。林肯的方法却给我们一种新的思路来理解如何激励他人努力工作。

人的欲求千差万别。有的人比较理想，可能更看重精神上的东西，比如荣誉、尊重；有的人比较功利，可能更看重物质上的东西，比如金钱。再懒惰的马，只要身上有马蝇叮咬，它也会精神抖擞，飞快奔跑。

实际上在一个经济组织中，也应该配备"弼马温"式的人物，以增强员工的活力，避免疲沓和懈怠，进而增进整个组织的活力。

善用同侪效应

同侪指与自己在年龄、地位、兴趣等方面相近的平辈。人总是喜欢与跟自己差不多的人比较，尤其是平辈、同伴。绝大多数人都会拿自己和同辈做比较，一旦自己比别人差，就会怅然若失；如果自己比同辈出色，就会喜形于色。这样的比较无可厚非，因为人是群居动物，没有人可以单独生活在这个世界上，每个人都希望被别人接纳、受别人肯定，希望自己在集体中有归属感。别人的看法、行为往往很容易影响自己的表现。

来自同侪的压力有好有坏，与积极上进的人交朋友，可能会使你也变成积极上进的人。在一个团队组织内，员工间的互动关系往往会产生深远影响，进而产生同侪压力；在一个团队中，可以借由同侪压力树立团队规范，让偏离团队规范的成员承受较大的同侪压力，以提升团队的整体表现。

查理·斯瓦伯担任卡耐基钢铁公司第一任总裁时，发现自己管辖下的一家钢铁厂产量很落后，便问厂长："这是怎么回事？为什么产量总是落后呢？"

厂长回答："我好话丑话都说尽了，甚至拿免职来恐吓他们，可他们软硬不吃，总是懒懒散散。"

那时，正是日班工人即将下班，夜班工人就要接班的时候，斯瓦伯向厂长要了一支粉笔，问日班的领班："今天炼了几吨钢？"

领班回答："6吨。"

斯瓦伯用粉笔在地上写了一个很大的"6"字，然后默不作声地离开了。

夜班工人接班时，看到地上的"6"字，好奇地问是什么意思。日班工人说："总裁今天过来了，问我们炼了几吨钢，领班告诉他6吨，他就在地上写了一个'6'字。"

次日早上，日班工人前来上班时，发现地上的"6"已被夜班工人改写为"7"，知道输给了夜班工人，日班工人心里很不是滋味，决心给夜班工人一点颜色看看。那一天大伙加倍努力，结果炼出了10吨钢。于是，地上的"7"顺理成章地变成了"10"。

在日班和夜班工人你追我赶的竞争之下，工厂产量落后的情况很快得到改善。不久，该厂产量竟然跃居所有钢铁厂之首。

只用一支粉笔，斯瓦伯便扭转了乾坤。其实仔细分析，是日班和夜班组之间的同侪压力推动了良性竞争，提高了团队的整体绩效。

主持霍桑实验的梅奥教授说:"人们的这种希望与其他人干得一样好的愿望,很容易超越个人的利益和管理层所考虑的建立在许多不合逻辑的原则上的思维逻辑。"

心理学家斯坦利·米尔格拉姆曾通过一系列实验得出一个重要的结论:"最能影响人们行为的因素就是:还有一个人也在场。"也就是说,团队中来自同侪效应的影响,很可能激励一个人以更加积极的心态去工作。

避免"劣币驱逐良币"

明朝嘉靖年间,朝廷为了维护铜币的地位,曾发行了一批含铜量非常高的铜币,结果却发现私铸的铜币比以前更多。为什么会发生这样的情况?原来市场上流通的一般铜币质量远低于新币,私铸有重利可图。私铸者还往往磨取官钱的铜屑用以铸钱,这样官钱也逐渐减轻,变得同私铸的劣币一样了;或者新币会被人收拢,熔化后按照较低的质量标准重铸,从中获利。

这就是劣币驱逐良币效应。阿克洛夫在1970年发表了一篇名为《柠檬市场:质量不确定性和市场机制》的论文。"柠檬"在美国俚语中表示"次品"或"不中用的东西"。"柠檬"市场就是次品市场的意思。当产品的卖方对产品质量比买方有更多信息时,柠檬市场就会出现,低质量产品会不断驱逐高质量产品。阿克洛夫开创了"逆向选择"理论的先河,他本人也于2002年获得诺贝尔经济学奖。

"劣币驱逐良币"现象在很多领域都非常常见。在团队管理中，如何确保优秀的员工不被差员工挤走，这是管理者需要深思的问题。

管理过程中，可以发现不少这样的现象：好员工走了，差员工留下来了。有经济学家在评论公司大量不当裁员时用了一个看起来很不雅观的形容词："茅坑症候群"。企业裁员的不当行为主要体现在让优秀的人才离开了，却让平庸的人留了下来。"茅坑症候群"就是形容留下的人一定会占着位子不做事，毫无贡献可言。

"茅坑症候群"会造成企业遭受竞争力方面的重创。这个名词有两层意义：一层意义是没本事的庸才别无选择，因此会占着原来的职位不走；另一层意义是原本的茅坑功能在于清除粪淤，保持水流畅通，而平凡之辈在组织人才短缺的情况之下，多会升到高位，生杀大权在握。

一个不称职的管理者，可能有三条路。第一是申请辞职，把位子让给能干的人；第二是让一位能干的人来协助自己工作；第三是任用两个水平比自己更低的人当助手。

这第一条路是万万走不得的，因为那样会丧失权力；第二条路也不能走，因为那个能干的人会成为自己的对手；看来只有第三条路最适宜。于是，两个平庸的助手分担了他的工作，他自己则高高在上发号施令。两个助手既然无能，也就上行下效，再为自己找两个无能的助手。如此类推，就形成了一个机构臃肿、人浮于事、相互扯皮、效率低下的领导体系。

如果企业认为人才不足，有意招聘人员，占着"茅坑"的那些庸才就会怀着私心（生怕被别人比下去），不顾一切地去淘汰真正的人才，反而开门纳入一些不至于危及自己地位的庸才。

一般而言，最常发生"茅坑症候群"现象的是人才流动僵化、工作过度有保障或制度僵硬的企业。在这些组织中，由于有本事的人先飞，留下来的反而是一些鸡肋型人员，必须施行更多、更精的训练才能勉强担下职务所需的责任。

"茅坑症候群"就是典型的劣币驱逐良币后的恶果。在这里，所谓"良币"，就是企业中能提高生产力的人，能够创造效益和经济价值的人。按理说，老板应该千方百计把这些"良币"留下来，但为什么会出现事与愿违的结果，最后留下一批庸才呢？这和管理者对"良币"的判断有关系——管理者如何得知员工良劣，判断的条件与准则很重要，如果判断不准，就有可能在裁员行为中造成"误杀"。

在现实中，团队成员流动往往呈现这样一种趋势：有才干、技术高的人才往往会自行另谋高就，而这些人通常都能够找到更好的工作。当员工突然发现他的能力高于公司赋予他的价值时，劣币驱逐良币的现象最容易发生。为追求更高的价值，这些员工会选择跳槽。而庸才选择按兵不动，继续潜伏下来。结果造成该走的不走、该留的不留，朽木未砍反倒失去了良木。这正是劣币驱逐良币的绝佳例证。

由于这些劣币留了下来,新鲜血液被阻挡于大门之外,整个企业的人才库因此更见枯竭,加上好的人才被竞争对手网罗过去,敌长我消之下,企业原有的竞争优势必定会被削弱。在这种态势下,企业想转亏为盈,不啻痴人说梦。

管理者需要做的是睁大眼睛做好自检工作,确定出清晰、科学的员工能力评审规则和业绩评判标准,最大可能地分出哪些人是企业的"良币"、哪些人是"劣币",并对员工能力的变化进行规范的动态观察。如果企业不幸染上"茅坑症候群",就必须换下庸庸碌碌之辈,采用釜底抽薪之计,以此换回企业的青春。

杜绝"螃蟹效应"

捉过螃蟹的人或许都知道,竹篓中放了许多螃蟹,就不必盖上盖子,螃蟹是爬不出来的。因为当有两只或两只以上的螃蟹时,每只都争先恐后地朝出口处爬,但篓口很窄,当一只螃蟹爬到篓口时,别的螃蟹就会用威猛的大钳子钳住它,把它拖下来,另一只强大的螃蟹踩着它向上爬。如此循环往复,没有一只螃蟹能够成功出篓。

这就是著名的"螃蟹效应"。螃蟹目光短浅,只顾自己能够爬出竹篓,忽视整体能够出逃的利益,甚至不惜以牺牲他人作为自己逃脱的"垫脚石",最终却因为相互阻碍,谁都没能成功爬出。

在某些团队中也存在着这样的现象，各部门或团体只注重自己利益，置整体的持久利益于不顾，进而使整体逐渐丧失前进的动力，如此，便会出现 1+1<2，而且随着"1"增加到 N 个，最终的能量的"和"会远小于 N，从而失去生命力。

员工与员工之间、员工与老板之间，因为个人利益明争暗斗；企业成员之间因为个人利益相互排挤。最终导致的结果，只能是企业做不大、做不强，逐步走向没落，这样的例子在社会中数不胜数。

一山不容二虎，两个人的能力在伯仲之间，总会成为竞争对手，最终总有一个牺牲品。"鹬蚌相争，渔翁得利"，职场中有时就会出现这样的无奈，两只"螃蟹"可能是某一职位的最佳人选，但由于他们相互牵制，为了各自的利益明争暗斗，已趋白热化，用了谁都会给整个团队带来不利影响，最终的结果只能是抛开他们，退而选择一个资质相对较差的人。

人才的成长与涌现需要的是良性竞争环境，而不是充斥着"螃蟹效应"的恶劣环境。刚出来工作时，大家都雄心勃勃，做人有棱有角，可经过几年在"螃蟹堆里的磨炼"后，大多数人都变得平庸，鼠目寸光，甚至圆滑世故，安于现状，完全没了当初的激情与乐观积极。

也许在你的团队中会出现这样的人——他们不喜欢看到别人的成就与杰出表现，害怕别人超越自己，因而总是想尽办法打压他人。如果一个组织受制于这种人，久而久之，工作中就会只剩下一群互相牵制、毫无生产力的"螃蟹",其结果也就只有一个,那就是等待着团队的失败。

为巩固自己的地位,对贤能者进行排挤、打压以及迫害,使整个团队只存在差于自己及听自己话的人;不患寡而患不均的平均主义意识,自己平庸而眼红他人优秀,出现不配合或釜底抽薪的现象,甚至还有那些墨守成规的保守主义者,将平衡与稳定视作第一要务,怕有人会打破平衡。

这些都是"螃蟹效应"的体现,限制进取创新,缺乏激励机制,使贤能者被同化而缺乏改革进取意识,从而给整体间接造成极大的破坏。

在企业中,把一个人放在不适合的位置上,无论如何也不会为团队带来效益,反而会让适合的人感到沮丧,最终的结果是伤害了群体的感情,"螃蟹效应"一触即发。一个人权力增大了,但承担的责任却没有相应地增加,这就好比你爬出篓子后,却不想承担引领者的角色,那么其他的"螃蟹"是不会信服的,从而产生"螃蟹效应",团队的组织性与凝聚力荡然无存,成为一盘散沙。因此,对企业来说,建立健全的用人制度,将合适的人放在合适的岗位,并让权力和责任对等,才能让"螃蟹们"都感到信任和公平,而不会相互牵制。

引导下属进行良性竞争

"以正治国,以奇用兵。"在人力资源管理中"以正治国"就要遵循"万物负阴而抱阳,中气以为和"的规律,采用中和之道。"和"是通过互相调和达到和谐的意思。对人力资源管理而言,做到"中和",就意味着善于抓住企业员工的心理特征、个性差异,调节员工之间的矛盾,使其达到一种和谐、统一、极具凝聚力的状态,最大限度地挖掘人力资源的潜能,同时彻底消除那些耗散人力的内部因素。

每个领导者都明白下属之间总会存在竞争,但竞争分为良性竞争和恶性竞争,良性竞争可以提高下属的工作热情,提升工作业绩。恶性竞争会破坏组织成员之间的合作,造成"内耗",严重的甚至会导致优秀人才的流失。要更好地激励下属工作,领导者就要遏制下属之间的恶性竞争,积极引导良性竞争。

约翰·伍迪是一位成功的体育教练。年轻时,他多次参加奥运会,累计得过10枚金牌。在他执教的20多年里,又培养了11位世界冠军。

"你认为一个人要成功,最重要的是什么?"有一天,在一次训练的过程中,他的一个学生问他。

"永争一流,总是站在队伍的最前面。"约翰·伍迪说。

约翰·伍迪认为,作为一个运动员,在其成长过程中会经历很多阶段,在任何一个阶段安于现状,都可能导致运动生涯的终止。比如,一个运动员如果取得地区冠军就满足了,他绝对不可能取得全国冠军;当他取得全国冠军就满足了,他绝对不可能取得世界冠军;当他取得一项世界冠军就满足了,他绝对不可能取得下一项世界冠军。

"生命不息,奋斗不止,我经常这样教导我的队员。"约翰·伍迪说,"他们没有让我失望。"

让每个人都为表现最好的自己而努力,让团队成员为了不断进取而与别人不断竞争,从而形成团队竞争的良好氛围。这样,团队成员的良性竞争会带动团队的发展。

事实上,团队内部就是竞技场,每个人从进入团队那天起,就在不断地进行比赛。"你好我好大家好",无竞争的氛围最终会毁坏团队的发展前途。优秀的团队都是由具备上进心的员工组成的。

梁陈明任是加拿大第一位华裔国会女议员。她本来是学医的,后来却改修社会学。她说,癌症可怕,但一个人心灵的癌症比生理癌症更可怕。她进了不列颠哥伦比亚大学专攻社会工作学专业。当初,这个选择遭到了家人和朋友的反对,她却不改初衷。

毕业后,她做医学社会工作15年,同时为社区义务服务20年。这期间,她参加各种社会活动。有些社会团体里从来没有妇女参加,她第一个加入;社团里,没有女人做理事的,她去做;协会里,没有女人当会长的,她去当;连洋人的歌剧协会,也是她去当会长。她说:"既然大家信任我,就不能让大家失望。要做就做好。"

她不骄不躁、以柔克刚的工作方法赢得了赞誉。1994年,她荣获了"加拿大勋章"。

她的表现被加拿大总理看在眼里,钦点她出来竞选。在接下来的两个月里,她跑破了一双新跑鞋。终于,在激烈的角逐中,她打败了9个对手,获得了竞选的最后成功。男人坐惯了的交椅,她坐了上去。她靠自己的迷人个性和优秀品质当上了加拿大第一位华裔女国会议员。

心理学家认为,每个人都有自尊心和自信心,其潜在心理都是希望站在比别人更优越的地位上,或被当成重要的人物,这就是自我实现的欲望。有了这种欲望之后,人才会努力成长,也就是说这种欲望是构成人的干劲儿的基本元素。这种欲望,在有特定的竞争对象时,会特别强烈。

管理者只要能利用这种心理,为员工设立一个竞争的对象,让员工知道竞争对象的存在,就一定能成功地激发起员工的干劲儿。对于没干劲儿的下属,只要告诉他"你和A先生两个人,成功是指日可待的",就等于暗示了他竞争对手的存在。

让下属被动地服从去实施决策目标,带来的结果只能是低效,甚至无效、负效。只有想方设法激励他们主动去干,才能充分调动他们的主动性、创造性,进面获得高效益。

第十二章

挖掘潜力：
促使员工不断成长

让员工成为人力资源

对企业来说，人才是最有价值的资源。"人力资源"的概念是在20世纪末从美国引入的，在此之前，我国企业中的人事管理部门一般叫作人事部。时至今日，绝大部分企业都已把它命名为人力资源部。把人事部改成人力资源部，代表着一种观念上的改变，这样，人就成了一种资源。实际上，人不仅是一种资源，而且是团队中最重要的资源。

然而，大多数企业对员工能力的开发，却远远没有达到员工潜能可开发的部分。因此，我们可以说，不论在哪一个国家哪一个地区，人力资源一直都在被严重地浪费，这严重地威胁和制约着企业的生存和发展。

人力资源管理的效果确实不像财务管理那样可以量化地计算出来，能够给企业带来一下子就能看得到的利润。但管理者依然可以看到人力资本的重要性，比如某个事情原来是10个人做的，如果能通过一个比较完善的管理制度把人员降低到5个人，不仅其直接成本会降低，同时也会间接提高企业的经营效率。

许多管理者每天都会把大量的时间花在人的身上。确实，比如涨薪的幅度、考评、岗位责任等问题，不仅耗费管理者大量的时间，而且还都是一些令人头疼的问题。如果在人力资源方面能够有效地加强管理，时间上的效果应该是可以量化的。

身为团队的一分子，就是团队最重要的资产，如果不能为团队创造效益，那么员工就不能称为资本，而要称为人力成本了。因为资本的一个重要功能就是具有增值功能，如果不创造效益，不能为团队增值，员工就将只作为一种人力成本而存在。

对于管理者而言，当然需要引入更多的人力资本，为团队带来更多的效益，减少大量人力成本。如果不能为团队创造业绩和效益，就是管理者的失职。如何将人力成本转化为人力资本，是每个管理者需要深思的问题。

某酒店的管理行动纲要里面写着这样的话：

"我们追求出正果。出正果就是我们的工作要富有成效，做任何事都要追求一个好的结果。我们反对只说不做，同时我们也反对做而无效。只有持之以恒地付出，不折不扣地努力，才能得到理想的回报。"

企业对员工价值认可的程度，取决于员工为企业创造业绩的多寡。管理者坚持以绩效的获取和提升作为管理的出发点，以绩效水平作为评核管理工作有效性的依据。

工作价值和市场价值决定着员工的分配基准，绩效水平决定着员工的实际所得。没有业绩的员工是企业的成本，而非资本。管理者要设法让员工从人力成本变为人力资本，变成团队可利用的人力资源。

帮助员工规划职业生涯

在我们的团队中，即便管理者为每个职位、每次机会都给员工以公平竞争的机会，但毕竟机会有限，以有限的岗位对比庞大的员工队伍，无疑会让一些有晋升要求的员工感到失望。更可怕的是，这种失望往往出现在优秀员工身上，因为他们对晋升的期望更高。但是，作为管理者，不能消除员工这种失望的话，会导致员工工作热情降低甚至会流失。这就需要管理者帮助员工规划职业生涯，找到发展方向。

管理者需要为员工制定短期、中期和长期目标。这要因人而异，因为员工的素质、工作表现、期望不一样，其能达到的目标也不一样。要根据员工的不同情况，为其设置不同阶段的不同目标。

管理者如果为每个员工设定目标，无疑会给自己增加大量的工作量。但这个工作必须要做。管理者需要帮助员工树立职业规划的意识，让员工懂得职业规划的重要性，并知道如何去规划。让员工进行职业规划，其实也是帮助员工成长的一种方式。

管理者可以先让员工自己做职业规划，员工自己做出来的更符合员工的期望和向往，这种发自内心的期待更具有行动的动力。但员工自己做出的职业规划不一定完全符合实际。所以，管理者需要在员工自己做出的职业生涯规划的基础上，帮助员工调整和重新规划。

管理者需要结合员工的个人素质、特长、爱好、技能、工作表现甚至人生观、价值观来为员工制定职业规划。同时还需要考虑到众多的现实因素，这样做出来的职业规划才更符合员工的实际，也更具有可操作性。

在工作中，谁都希望有好待遇，但是我们需要警惕的是一切都向"好待遇看齐"心理，更不能因为有了好待遇，就觉得从此可以高枕无忧了，再也不去进步和努力。因为好待遇管的往往只是一时，而不断的成长却能管用一世。帮助员工规划职业生涯，让他的成长成为一个增值的过程，如此，团队才能够实现其作为资本的价值。

"公司不会一脚把你踢进大海，我们会给你游泳圈，还会有教练在一旁指导你，让你从不会游到游得很好。"宝洁大中华区市场部、设计部和品牌运营部人力资源经理左佳评价公司的人才培养时说。

2006年，刚进公司第二年的左佳被派到了香港开拓招聘市场。在不长的时间内，她从一个不会说粤语，不懂香港文化，没有独立负责单元经验的新手，成长为管理着100名员工、600多名美容顾问的职业经理人。左佳认为正是公司的在职培训为自己打开了成功之门。

无论看一个企业还是个人，都既要看实力，也要看后期的发展潜力。发展后劲不足的原因是多方面的，表现也是多方面的，但是成长的后劲不足，是非常重要的问题。

一个人的人生如果分为两个阶段，那么，前一阶段就是用金钱买智慧，后一阶段是用智慧换取金钱。"工欲善其事，必先利其器。"

职业生涯规划不是一成不变的，它需要根据不同的时期和员工的发展的不同阶段，以及情况的变化进行调整。但这种调整也不需要过多变化，否则会导致员工产生困惑并失去方向感，职业规划也就失去了积极意义。

职业规划必须得到员工的认同，管理者不能将自己的要求强加于人。管理者可以对员工的期望进行引导，但不能强制，得到员工深层认同的职业规划才能激起员工行动的动力。

每个职业规划的背后，都要有很强的学习力作为支撑。如果员工的学习力每况愈下，就很可能从一个人才变成企业乃至社会的"包袱"。人才其实是一个动态的概念，它不是一成不变的，不是永恒的。它需要不断晋级、不断发展，只有人才的学习力不断加强、不断提高，才能保证人才的新鲜，这样的人才才是真正意义上的人才。

让员工走出"心理舒适区"

何谓心理舒适区？心理舒适区就是让人从心理上觉得舒适、愉快的外界环境氛围。

心理舒适区有两大作用：一个是体现人生价值，一个是逃避现实压力。之所以说心理舒适区体现人生价值，是因为心理舒适区无论如何都是通过个人努力得以实现的产物，也就是个体先前阶段价值的体现，让人觉得舒适，可以享受；之所以说心理舒适区还能让人逃避社会现实压力，是因为环境在不停地变化，现在的舒适区肯定不能永远让人觉得舒适，未来还有更多的挑战，而心理上一旦产生惰性，就会导致停留在现有的舒适区上从而忽略这些让人觉得不舒适的环境变化带来的挑战和压力。

惰性是大部分人沉溺在舒适区的性格因素，这个因素最终致使我们陷入困顿的境地。懒惰是一种恶劣而卑鄙的精神重负。人一旦背上了懒惰这个包袱，就会整天怨天尤人，精神沮丧、无所事事，这种人注定不会受到欢迎。产生惰性的原因就是试图逃避困难的事，图安逸，怕辛苦，积习成性。人一旦长期躲避艰辛的工作，就会形成习惯，而习惯就会发展成不良性格倾向。

有不少这样的员工，由于优秀就开始觉得自己了不起，不融入企业，越来越听不进别人的意见，慢慢便走入了自己设定的"心理舒适区"了。

何维曾经在一家企业任人力资源部的经理。在成为人力资源经理之前，他工作非常努力，并做出了突出的成绩。老板非常赏识他，第二年就把他提拔为公司的人力资源部经理。

坐上人力资源部经理的职位后，拿着丰厚的薪水，驾着公司配备的专车，住着公司购置的豪宅，他的生活品质得到了很大的提升。但他仍不满足于现有的工作环境，总认为公司的发展空间很小，于是跳槽到了现在这家大型合资企业。

到了这家企业以后，何维在人力资源部门担任一个小职员。这让何维有些心怀不满："凭什么我一个人事经理要委屈地在你这里做一个小职员呢！凭我的能力，做一个经理还不是小意思。"面对工作任务，何维总是认为自己能力大，不屑于做小事。于是他在新单位的人力资源部待了半年，还没有什么特别的表现。

朋友曾善意地提醒他："应该踏实一点儿了，没有业绩是很危险的。"没想到，何维竟然说："我是有能力的人，却在人力资源部门做个小职员，我早就不想干了。这家公司没有发现我的能力，失去我是他们的损失！"

的确，老板没有发现何维有什么能力。因为他并没有在工作中展现自己的能力。而他的糟糕表现，让老板动了换人的念头。终于，在一个清晨，何维和往日一样，优越感十足地迈着方步踱进办公室，第一眼看到的却是一份辞退通知书。

从何维的例子可以看出，价值是一个变数。今天，一个人可能价值很高，但如果他故步自封、满足现状，明天，他就会贬值，被一个又一个智者和勇者超越。

实际上，影响对心理舒适区的定义的是一个人的价值观。正是因为价值观的不同，才会导致在同样的环境条件下，有些人因为满足而觉得舒适，有些人因不满足而感到不舒适。其中最重要的价值观是勇敢和勤劳。"真的勇士敢于直面惨淡的人生"，鲁迅的话语高度概括了勇敢的特质才能影响人正视而不是忽视环境的变化；而勤劳才能促进其付诸行动，惰性只会令其止步不前。走出自己的舒适区，化懒惰为勤劳，这就是成长的开始。

有位妇人名叫雅克妮，现在她已是美国好几家公司的老板，分公司遍布美国27个州，雇用的工人达8万多人。

而她原本只是一位极为懒惰的妇人，后来由于她的丈夫意外去世，家庭的全部负担都落在她一个人身上，而且还要抚养两个子女，在这样贫困的环境下，她被迫去赚钱养家。她每天把子女送去上学后，便利用余下的时间替别人料理家务；晚上，孩子们做功课时，她还要做一些杂务。终于，她懒惰的习性被克服了。后来，她发现很多现代妇女都外出工作，无暇完成家务。于是她灵机一动，花了7美元买清洁用品，为有需要的家庭打理琐碎家务。这一工作需要自己付出辛苦和劳动。渐渐地，她把料理家务的工作变为一种技能。甚至大名鼎鼎的麦当劳快餐店也找她代劳。雅克妮就这样夜以继日地工作，终于获得源源不断的订单。

很多人都想只享受劳动成果，却失去了往日奋斗的动力。身为管理者，自然不应允许这样的情况发生。

"心理舒适区"会吞噬人的动力，懈怠会引起无聊，无聊也会导致懒散。一些人花费很多精力来逃避工作，却不愿花相同的精力努力完成工作。对于这样的人，管理者必须想尽办法让他们走出"心理舒适区"。

从积极的角度来讲，员工应该正视和重视工作环境的变化，不停地调整自己的行动，挑战和超越自己的心理舒适区，才能获得更大的工作成就并实现自我价值。

成长比薪水更重要

古语说，授之以鱼，不如授之以渔。对于一个有志成就一番事业的人来说，管理者要不断增强他的本领，让他明白成长比薪水更重要。

无疑，薪水是许许多多员工最为看重的。然而在工作中，如果只在乎薪水的多少，那么这样的员工无疑就是目光短浅、缺乏发展眼光的人，这样的员工也很难在事业上有所成就，无法开创一片属于自己的事业天地。

为什么这么说呢？因为我们中的绝大部分人，都不是含着金汤匙出生的富二代，也没有殷实雄厚的家族产业可以继承；我们都是创业者，需要靠着自己在工作中的一点一滴的努力和学习一步步走向成功。

一位来自纽约的百万富翁在回顾自己的成功历程时说，当年，他在一家百货公司工作时薪水最初只有每周7美元50美分，后来一下子就涨到了每年1000美元，而这之间竟然没有任何过渡，没过多久，他还成了这家百货公司的合伙人。

刚去公司的时候，他和公司签订了5年的工作合同，约定这5年内薪水保持不变。但他暗下决心：绝不满足于这每周7美元50美分的低微薪水，绝不能就此不思进取。他一定要让老板们知道，他绝不比公司中的任何一个人逊色，他是最优秀的。

他工作的能力很快引起了周围人的注意。3年之后，他工作起来如鱼得水、游刃有余，以至于另一家公司愿意以3000美元的年薪聘用他为海外采购员。但他并没有向老板们提及此事，在5年的期限结束之前，他甚至从未向他们暗示过要终止聘用合同。也许很多人会说，不接受如此优厚的条件，他实在是太愚蠢了。但是，在5年的合同到期之后，他所在的公司给了他每年10000美元的高薪，后来还让他成了该公司的合伙人。

百万富翁最初为何愿意为了每周7美元50美分留在公司达5年之久？秘诀就是"成长"。虽然工资低，但是这份工作带来的个人成长是他用再多的钱也买不到的。

美国著名作家阿尔伯特·哈伯德说："工作所给你的，要比你为它付出的更多。如果你将工作视为一种积极的学习体验，那么，每一项工作中都包含着许多成长的机会。"但凡成功人士都具备这样一种认识，他们在成功前，都更加看重自己所做的工作能给自己带来什么样的成长和机会，而不是去关注能挣多少钱。因为他们知道，从长远来看，获得挣钱的本领比挣钱本身更重要。

英国著名科学家法拉第想进皇家科学院工作,知情人士告诉他:在那里,工作是十分劳累的,报酬却很少。法拉第毫不在乎地说:"工作本身就是一种报酬。"

让优秀员工明白这样的道理:在工作中得到的薪水只是他劳动所得中极小的一部分,而他从工作中能积累取得成功的财富。这些财富就包括:

1. 行业知识与经验

参加一份工作,就等于进入了一个行业。我们参加工作,实际上就是获得了免费学习和累积行业经验的机会。如今,行业知识和信息是市场经济竞争的有力武器,也是我们创造业绩的有力保障。

2. 人生机遇的获得

机遇是无价之宝,是无法用金钱来衡量的。综观一些成功人士,其成功的机遇无不是在工作中获得的,在工作中得到一个机遇往往能够改变人的一生,让他从此走向成功。

要让员工懂得:在工作中能不断丰富自己、提高自己最为重要,薪水不是主要目标,发展才是工作之本,成功才是终极目标。

引导员工进行长线投资

股市中不是所有人都能挣钱,实际上,这样的投资理论同样也适用于工作。在许多人眼里,薪水就是员工个人的短线投资,成长才是他们的长线投资。有些人工作态度"超然","给我多少钱,就干多少活""不是自己分内的事情一律不干"。从表面来看,他们很精明,没有吃亏;从长远来说,他们却损失惨重:他们逃避工作、推卸责任,整天为眼前的工资伤脑筋,却忘记了在工资背后深藏着更为珍贵的东西。

工作给予员工锻炼的机会,工作提升了个人能力,工作丰富了个人经验,所有这一切所蕴含的是员工将来提高薪水和晋升职位的根本基础。

小A和小C是两个刚毕业的年轻人,他们都很聪明,学习成绩差不多,兴趣爱好也一样,可以说他们两个的起点是一样的。

毕业后,他们都开始找工作。对于他们来说,有很多机会可以选择,正好,有一家大型的培训公司同时向他们抛出了橄榄枝。

几个月后,他们偶然碰面了。谈起那家公司,小A用一种厌恶的语气说:"那家公司简直是抠门到家了,居然只肯给我月薪2000元,谁干啊!我直接拒绝了,现在我在另一家公司上班,每个月2500元。"

小C听了他的话,微笑着说:"我去面试的时候,公司也是提出月薪2000元,但是我接受了这份工作,现在我就在那里上班。"

小A听了很惊讶,他说:"你条件这么好,不愁找不到薪水高的工作,这家公司薪水这么低,你不是吃大亏了吗?"

小C笑了,回答道:"谁不想赚更多的钱?我现在主要是想学点东西,当时面试我的老板给我留下了深刻的印象,我觉得自己能从他那里学到很多东西,薪水低一点也没什么,从长远来看,我在这里工作比较有前途。"

一年过去了,他们之间的差距显现出来了,小A的月薪还是那些,而小C的月薪已经从最初的2000元涨到了7000元,并且已拥有公司的股份。

从短期目标来看,工作固然是为了生计,但这只是前进路上保障衣食无忧的基本条件,这种需要最低级,也最容易得到满足。人的最终目标是实现自己的价值,赚钱容易,要想有一番作为却困难得多。只有在一个人的天赋得到发挥时,他所付出的辛劳才有可能开花结果。

在这个极速前进的时代,任何人都想迅速成功,许多人挖空心思寻找获得高薪的捷径,梦想着能够有什么奇遇,从而一鸣惊人或者一步登天。但是,天下没有免费的午餐,任何事情的发生都有一定的前提。管理者必须引导员工不断提升自己的能力,最终成为优秀的人才。

"机遇偏爱有准备的头脑",与其让员工"投机"薪水,不如引导员工"投资"成长,只有员工的能力、才学足够了,才能让他拥有机遇。

任何团队都是一个靠业绩和能力生存的地方,这里没有永不辞退的长期合约,也没有永受厚待的"红人",只有引导员工靠自己充实的头脑和勤奋的双手去拼搏,才能在激烈的竞争中生存下来。

实践是最好的老师

对每个人来说,生活都是最好的老师,细化到工作当中,实践就是员工最好的老师。一名聪明的员工懂得边学边干,在实践中不断吸取别人的教训,积累自己的经验,从而让自己变得更加优秀,最终成为团队中的中流砥柱。

相反,那些只知墨守成规、得过且过的人,会错过一个个学习的机会,让自己变得平庸。

晓月在学校时是一个有名的才女,她的口才与文采无人可媲美。大学毕业后,在学校的极力推荐下,她去了一家小有名气的公司。

公司每周都要召开一次例会,讨论公司的周计划。每次开会,大家都争先恐后地表达自己的观点和想法,只有她总是悄无声息地坐在那里一言不发。她原本有很多好的想法和创意,但是她有些顾虑,一是怕自己刚到这里便"妄开言论",被人认为是张扬,是锋芒毕露;二是怕自己的思路不合领导的口味,被人看作幼稚。

就这样,在沉默中,她度过了一次又一次激烈的争辩会。有一天,她突然发现,同事们都在力陈自己的观点,似乎已经把她遗忘了。于是她开始考虑要扭转这种局面,但这一切为时已晚,没有人愿意再听她的声音了,在大家心中,她已经根深蒂固地成了一个没有实力的花瓶式人物。最后,她终于为自己的保守思想付出了代价——她失去了这份工作。

在团队中,一个人想要保持相对低调的姿态并没有什么不对。遗憾的是,晓月把这种低调简单化了,忽略了实践也是帮助自己快速成长的良方,结果导致自己贻误了一次次学习和进步的机会。在工作中,每位员工都要保持谦卑、细心的心态,留心观察,从中体悟各种有利于提升自我、优化工作的良方。

从英国飞往马来西亚首都吉隆坡的汉斯,一下飞机就直接找到自己的上司哈恩要求马上工作。

"好啊!请你搬把椅子坐在我办公室的角落里,尽可能地不要引人注目,其他人在场的时候不要说话,不管是迎来还是送往,你都不要离开这里。"哈恩说道。

"我就干这个吗?"汉斯问。

"对。而且最起码要这样干一个月。当然,你要把自己的真实感想、疑虑、发现的问题及它的根源等分析清楚并记录下来。"哈恩郑重其事地说道。

"可是,经理,我大老远地从英国总部赶来,您让我用一个月的时间就干这些吗?"汉斯非常不解,"您要知道,我……"

"好了,既然你到了我这里,就必须听我的吩咐,而我也不想听你说你以前是干什么的,是多么糟糕或出色。你可能有自己的想法,也许你的想法很对,但请你先把它们放下,从适应这里的一切开始。"

汉斯虽然满肚子的委屈,但人在职场身不由己。他只好从头做起，每天静静地坐在办公室的角落里，看哈恩怎么样处理问题、迎接客户和指挥下属"开疆拓土"，脑子里像个观察员和评论员一样记录着他的得与失……

但是，随着时间的推移，他学到了以前从未看到或想到的一些事情，尤其是哈恩如何化解各种矛盾、运筹帷幄地提高工作效率和加速本部门业绩的技巧，这不但让他大开眼界，还让他学到了一些在书本上学不到的知识。更重要的是，他从哈恩身上学习到了边干边学的工作方法。

一个月结束时，哈恩问："怎么样，还有些收获吧？"

"谢谢您。这一个月的适应真让我一生受用无穷啊！"汉斯无限感慨地答道。

后来汉斯成了另一家公司的总裁，虽然取得了令人称羡的成绩，但他还是一如既往地保持着从上司哈恩身上学到的工作精神，以实践为师，在实践中完善自我。

员工学的东西再多，如果不能将其融入工作当中，也会失去它的价值。同样，一名员工如果不能从实践中获得成长，那他也错过了最重要的一位老师。优秀的员工之所以能够保持不断进步的状态，就是因为他们善于在工作中学习，带着学习的心态工作，把工作实践当成最好的老师。